JN071269

オセアニア諸国の
高等教育への接続と
社会的公正

編著

澤田敬人
奥田久春

まえがき

　3月に卒業式や学位記授与式を挙行し、桜が満開の季節に入学式を迎えるのは日本で見慣れた風景である。9月に学位記授与式を実施し、10月に入学式を催すことになると、日本の風景というよりは、教育機関の国際化が達成された結果とみなされる。高等教育のグローバル化の掛け声が大きくなる中、教育に携わる方々が自分たちの足元を見つめることよりも優先する課題があるのではとの焦りにつながることもあるだろう。後期中等教育から高等教育に接続することの実態をじっくり考察しつつ、グローバル化の波にもしっかり見通しをもって対応することはできないものかと思う方々もおられるのではないだろうか。

　そこで二つの視座を想定してみた。まず、後期中等教育から高等教育への接続の容態は、国ごとに違うのではないという視座である。入学の制度が異なるだけでなく、その制度を変えようとするときの方向性はどのように決まるのか、その国ごとの独自性といくつかの国に共通する普遍性があるなら知りたいと思う。もう一つの視座は、後期中等教育から高等教育への接続には入学を希望する生徒たちの競争があるため、その結果に伴う格差、あるいは競争が生じる前からの格差が各国にあるのではないかとの疑問への応答である。これら二つの視座から研究することは、この時代に教育学の研究と教育に従事する者として重要であると考える。

　とはいえ私たちの研究組織にふさわしい研究対象に限る必要がある。本書の執筆者としてオセアニア諸国を研究対象にしている研究者が集まった。オーストラリア、ニュージーランド、オセアニア島嶼国に関する教育研究の専門家である。それぞれの執筆者が各国の事情に通じているとともに、国境を越える人の移動により多文化社会を構成するマイノリティ集団にも目を向けている。そのため、制度と制度改革の他にも格差の視点を提供し、社会的公正の議論への移行も円滑になされることが期待できる。

　日本の皆さんと日本語で執筆した本書を通じて、後期中等教育から高等教育

への接続に関する国際比較から得られる知見を、今後の重要な課題として共有できれば幸いである。

2023年2月

澤田　敬人

オセアニア諸国の高等教育への接続と社会的公正

序 ―オセアニア諸国の高等教育への接続と教育格差― ················· 8

第 1 章　オーストラリアの後期中等教育修了資格　　　　11

〈本章を読む前に〉 ··· 12

はじめに ··· 13

1．後期中等教育修了資格試験制度の特徴
　　―国際比較を通して― ··· 13

2．オーストラリアの後期中等教育修了資格試験の
　　歴史的変遷 ··· 16

3．ニューサウスウェールズ州の
　　Higher School Certificate ·· 19

おわりに ··· 21

第 2 章　社会経済的背景から考えるオーストラリアの
　　　　　後期中等教育修了資格と社会的公正　　　　25

〈本章を読む前に〉 ··· 26

はじめに ··· 27

　⑴　社会経済的背景について ··· 27

　⑵　社会的公正について ··· 28

1．オーストラリアにおける学習成果と
　　社会経済的格差の関係性 ··· 30

　⑴　「リテラシーとニューメラシーの全国学習到達度評価プログラム」
　　　（NAPLAN）·· 30

　⑵　OECD 生徒の学習到達度調査（PISA）······························ 32

2．中等教育および、
　　その後期中等教育修了資格と社会経済的背景 ························· 33

　⑴　就学者と社会経済的背景 ··· 33

　⑵　修了資格と社会経済的背景 ··· 34

　　3．オーストラリア高等教育入学ランクと社会的公正 ·············· 37

　　4．社会的公正を促進するための方策 ································ 39

　おわりに ·· 40

Column　日本の論点―入学試験制度と教育格差― ·················· 42

第**3**章　ニュージーランドの後期中等教育修了資格と
　　　　高等教育への接続　　　　　　　　　　　　　　　**45**

　〈本章を読む前に〉 ·· 46

　はじめに ·· 47

　1．ニュージーランドの教育制度に関する基本的情報 ·············· 47

　2．後期中等教育修了資格について ······························ 49

　　⑴　NCEAの概略 ·· 49

　　⑵　NCEAとナショナル・カリキュラムの関係性 ···················· 50

　　⑶　NCEAの構造 ·· 51

　　⑷　NCEAの評価構造 ·· 52

　　⑸　高等教育機関への接続 ·· 54

　　⑹　NCEAの課題と改革案 ·· 56

　おわりに ·· 57

第**4**章　ニュージーランドの後期中等教育における公正性
　　　　―社会経済的に不利な生徒の支援と課題―　　　　　**61**

　〈本章を読む前に〉 ·· 62

　はじめに ·· 63

　1．PISAからみる学校教育の成果 ·································· 63

　　⑴　PISAにおけるニュージーランドの経年変化 ···················· 63

　　⑵　「生徒の社会経済文化的背景」指標とニュージーランド ········ 66

　2．多文化国家ニュージーランドにおける社会経済的格差 ·········· 68

　　⑴　多文化国家ニュージーランド ································ 68

　　⑵　社会経済的な格差とエスニシティ ·························· 69

　　3．マオリとパシフィカの低い学習達成度 ……………………… 71

　　4．ニュージーランドの学校教育が取り組む社会的公正 …… 76

　　　⑴　社会経済的尺度を用いた中等学校に対する資金援助 …… 76

　　　⑵　学校のESOLに対する資金援助 ……………………………… 77

　　　⑶　NCEAの科目によるマイノリティ生徒への動機づけ ……… 78

　　5．後期中等教育段階における公正性の課題 …………………… 79

　　おわりに ……………………………………………………………… 81

Column　日本の論点
　　　　　　―後期中等教育と高等教育との接続の改善― …………… 87

第5章　オセアニア島嶼国
サモアなどでの後期中等教育修了資格　　　　　**91**

　　〈本章を読む前に〉 ………………………………………………… 92

　　はじめに ……………………………………………………………… 93

　　1．PSSC参加国の社会経済的背景 …………………………………… 95

　　　⑴　小規模であることの意味 ……………………………………… 95

　　　⑵　小規模島嶼国とニュージーランドの関係 ………………… 96

　　2．PSSC参加国の教育制度 …………………………………………… 97

　　　⑴　学校系統と試験制度 …………………………………………… 97

　　　⑵　後期中等教育修了資格試験と大学進学の方法 …………… 99

　　3．各国独自の後期中等教育修了資格試験の成り立ち ……… 100

　　　⑴　PSSC以前の後期中等教育修了資格 ……………………… 100

　　　⑵　PSSCの特徴 ……………………………………………………… 102

　　4．各国の後期中等教育修了資格の導入と現状 ……………… 104

　　　⑴　PSSCとの共通性と相違点 …………………………………… 104

　　　⑵　サモアの取り組み―PSSCとの違い ……………………… 106

　　おわりに ……………………………………………………………… 108

おわりに―まとめにかえて …………………………………………… 113

執筆者紹介 ……………………………………………………………… 118

序
―オセアニア諸国の高等教育への
接続と教育格差―

　後期中等教育と高等教育の接続をめぐり最も衆目を集めるのが入学者選抜であることは論を俟たない。学校種間には小１プロブレム、中１ギャップのような接続が十全ではないことから生じる問題も確認されているが、後期中等教育と高等教育の接続では、生徒のライフイベントとして大きな意味をもつ入学者選抜に焦点が当たる。入学者選抜は公平かつ適切に行われることが当然とされる中、実施機関による入試の不正は罰せられ、選抜のジェンダー不平等は社会問題化する。また、入学者選抜の方法については、一般入試の他、アドミッション・オフィス（AO）入試や様々な推薦入試の形式が生じている。大学入試センター試験の廃止と共通テストの実施、記述問題の増加、英語のコミュニケーション重視に向けた民間試験導入の試みと入試制度改革は活発になっている。さらに、これらの試みが教育機会の平等を保障するものなのかと問われることはあっても、これらの入学者選抜の形式が日本に独特のものであると視点はなかなか育ちにくい。ここに国際比較の必要がある。

　オーストラリアの後期中等教育と高等教育の間には、日本の大学入学者選抜とは異なる制度がある。後期中等教育と高等教育の接続に違いがあることにも増して、その社会経済的背景の見方が異なっている。オーストラリアにおいては明確に高等教育への進学に伴う教育格差が指摘され、オーストラリアの教育社会学の研究では重要な議論の焦点となっている。後期中等教育修了資格と社会経済的背景には関係があり、生徒の出身家庭の社会経済的背景により履修科目に違いが生じる。そのために後期中等教育の残留率に影響することが明らかになっており、実際に各州では対策を講じている。国際比較の視野が要るが、高等教育への入学者選抜に関する制度への視野と、後期中等教育と高等教育の接続において教育格差を顕在化させる社会経済的背景の分析との両面からアプローチをする必要がある。

国際比較を踏まえながら経済協力開発機構（OECD）は、『教育における公正と質―恵まれない境遇の生徒と学校の支援』（2012）において、教育の失敗による社会的損失を回避するには、生徒たちの社会経済的背景から生じる教育格差を埋めるための質の高い支援を促す、公正のための政策が必要であると説いている。同レポートでは、市場原理を含む教育政策が失敗し得ることを豊富なエビデンスにもとづき示している。昨今の教育政策における学校選択などの競争による市場原理を排除するのでなく、教育格差を埋めるために公正に基礎づけられた施策とのバランスが肝要であるとしている。この場合、教育格差を埋める施策が質の高い教育支援であるといえ、OECD加盟各国で取り組みが始まっている。

　本書の執筆者たちは、「オーストラリア・ニュージーランド・オセアニア島嶼国の後期中等教育修了資格と高等教育入学者選抜の制度に関わる研究」と題する研究テーマの下に研究を進める組織のメンバーである。オーストラリア、ニュージーランド、オセアニア島嶼国、日本の後期中等教育から高等教育への接続と選抜に係る制度のあり方について論じつつ、社会経済的背景を踏まえた教育格差への問いを明らかにすることで重層的な地域の実情を解明することが研究の狙いである。制度へのアクセスに格差があるのではないか、制度変更は格差拡大を促すのではないか、社会的公正は担保されているのかなど研究の想像力は広がる。

　研究対象である各国の制度を概観すると、まず、オーストラリアでは10年生を終える時に、高等教育機関へ進学するために必要な後期中等教育修了資格の取得を目指す。後期中等教育段階である11・12年生で大学の学部・学科が求める科目を履修して成績を収める必要がある。これは州ごとに修了のための要件や教科の内容が異なる。生徒の成績を各大学に伝達する仕組みにおいても高等教育入学センターなどによるプロセスが州ごとに決まっている。その成績を各大学は、オーストラリア高等教育入学ランク（Australian Tertiary Admission Rank）として変換された結果が伝えられる。この一見すると隙のない制度に、教育格差の問題が埋め込まれている。

　ニュージーランドで高等教育機関に入学するには、ニュージーランド資格審査機構が提供する全国教育修了資格（National Certificate Educational Achievement）

を獲得することが求められる。11年生から最終学年の13年生まで三つのレベルに分けて段階的にレベルを終える必要がある。必ずしも生徒の全員が三つ目の最高レベルまで到達するわけではないが、最近ではすべてのレベルで到達する率が高まっている。この達成率の違いは、マオリや太平洋諸島出身者等から成るニュージーランドのエスニシティの多様性による生徒たちのバックグラウンドが影響している。

　南太平洋の島嶼国では、7カ国で共通していた後期中等教育修了資格を2013年に廃止し、その後の制度設計に独自性を帯びるようになった。サモアでは独自の制度を構築するものの、教科構成や評価の点で従来のものを継承している。サモアは伝統を重んじる社会であり、独立以降、旧宗主国のニュージーランドの教育制度から脱し、独自の教育を構築してきた。それ以上に海外の開発援助に頼らざるを得ず、ニュージーランドやオーストラリアとの関係が重視されてきた。このバランスが島嶼国にとっての大きな課題であり、後期中等教育修了資格試験の実施と運用をめぐる焦点でもある。後期中等教育修了の資格はどのような意味をもち、生徒が高等教育への進学を希望するに際しどのような形で後期中等教育修了資格を活用するのか明らかにしたい。

　また、日本の大学入試と教育格差や日本における教育格差を埋める試みとしてのアファーマティヴ・アクションによる推薦制度をめぐる論点をコラムで紹介している。本書はオセアニア諸国の事情を紹介するのが目的なのではなく、比較の視点からオセアニア諸国の事例に学んで、日本で生起する事態への視座をより鋭くすることを願っている。この研究テーマの下で成果をお示しすることができてたいへん光栄である。より多くの読者に本書が届き、読後のフィードバックをいただければ幸いである。

（澤田　敬人）

第1章

オーストラリアの後期中等教育修了資格

第1章
オーストラリアの後期中等教育修了資格

〈本章を読む前に〉

　オーストラリアでは、今日、アリス・スプリングス教育宣言（Alice Springs (Mparntwe) Education Declaration）（2019年採択）、ナショナル・カリキュラムなどの全国的教育政策が、州直轄区間で同意され、実施されている。これは初等中等教育の全国的整合性を高めることを意図している。だが、オーストラリアでは、連邦憲法の規定により、州・直轄区政府が初等中等教育制度の運営の権限をもっている。したがって、学校制度や学校教育に関する方向性や具体的な政策は、州・直轄区によって異なっている。その典型的な例は、後期中等教育修了資格である。後期中等教育修了資格は、試験等にもとづく成績評価を行っている。このため、後期中等教育修了資格試験と呼ばれている。後期中等教育修了資格の成績は、大学進学のための選抜根拠となるため、後期中等教育（オーストラリアの11〜12学年、日本の高等学校2〜3学年）の教育内容上、学力上の到達点を示している。広く考えれば、中等教育全体の到達点を示していると指摘できる。オーストラリアの高校教育や中等教育を理解するためには、後期中等教育修了資格試験でどのような能力が求められているかを検討することが求められる。

はじめに

　本章は、オーストラリアの後期中等教育修了資格の歴史、現状、今後の展望について論じる。オーストラリアの後期中等教育修了資格試験における得点は、大学入学者選抜に使用されている。以下では、第1節で、後期中等教育修了資格試験制度の特徴を国際比較の観点から考察する。第2節では、後期中等教育修了資格試験の歴史的変遷について述べる。第3節では、ニューサウスウェールズ州のHigher School Certificateについて述べる。最後に、結語を述べる。

1. 後期中等教育修了資格試験制度の特徴 ―国際比較を通して―[1]

　試験制度は資格試験と競争試験に分類できる（中村、2012）。資格試験では絶対的に到達基準を超えれば合格者となる。一方、競争試験では相対的な順位が決まり、その順位によって合格者が選抜される。以下では、資格試験、競争的資格試験、一元的競争試験、多元的競争／資格試験という類型を設定し、国際比較を通して検討する。

　第一に、資格試験に当てはまるものは、フランスの中等教育修了資格試験の普通バカロレアとドイツのアビトゥーアが典型的である。フランスでは普通バカロレアを取得すると、国内のどの大学にも入学できる。フランスのリセ最終学年とバカロレア試験では哲学が必修である。これは、思考力・判断力を育成し、思考の自由と民主主義によって共和国理念を基礎づけている（坂本、2012：53）。ドイツのアビトゥーアは、各州の大学入学資格であり、「ギムナジウム（Gymnasium）最後の2年間の成績と、ギムナジウム卒業時に実施されるアビトゥーア試験（Abiturprüfung）の総合成績が一定のレベルに到達した者に対して」（木戸、2008：12）付与される。ただし、医学部等入学希望者が多

い学部については、「待機期間」の経過によって入学が認められる（木戸、2008：12）。つまり、フランスとドイツの大学入試は資格試験である。両国とも、論述式と口述式が併用されており、かなりの思考力が要求される。

第二に、競争的資格試験は、競争的な意味合いを有する資格試験である。競争的資格試験には、イギリスの中等教育上級修了資格（General Certificate of Education Advanced Level、以下GCE Aレベル）・中等教育準上級修了資格（General Certificate of Education Advanced Subsidiary Level、以下GCE ASレベル）・前期中等教育修了資格（General Certificate of Secondary Education、以下GCSE）、オーストラリアの中等教育修了資格、国際バカロレア（International Baccalaureate、以下IB）があげられる。イギリスでは、GCE Aレベル、GCE ASレベル、GCSEの三つの資格が用いられるが、大学入学者選抜ではGCE Aレベルが重要である。まず、4～5科目のGCSE ASを取得し、次に、2～3科目のGCE Aレベルを取得する。試験は論述式であり、校内評価も活用されるが、校外試験が中心である。オーストラリアの制度は、州によって制度が異なる。校内評価と校外試験が併用され、校外試験では論述式が中心である。英豪およびIBでは、資格試験における得点が高いほど、いわゆる有名大学・学部に進学することができる。したがって、これらの制度は、資格の付与を基軸としているが、フランスやドイツの文字どおりの資格制度と異なり、成績面で競争的な性質を有している。競争的資格試験と呼ぶことができよう。

第三に、一元的競争試験は、日本、韓国、中国が当てはまる。日本は、大学入試センター試験が一元的な競争試験の役割を果たしている。韓国では、大学修学能力試験、中国では、全国統一大学入学試験が実施されている。日本では、推薦入試、AO入試の導入が進められてきた。同様に、韓国では、入学者の出身地等の多様化を図る特別選考（1994年～）、認知的・情意的・可能性を加味した入学査定官による選抜（2007年～）が導入された（南部、2016）。中国でも、2003年に自主学生募集制度が導入された。各大学は、書類審査、学力試験、面接試験を課しているが、その定員は、各大学の募集総数の5％以内である（南部、2016：39）。つまり、これらの国では、多様な入学者を確保するために、補完的な措置ではあるが、入試の多様化が進められてきたのである。

第四に、多元的競争／資格試験は、アメリカの多様な入学者選抜制度が当て

はまる。アメリカの大学に進学するためには、まず、SAT Reasoning Test（以下SAT）、またはACT（American College Testing）を受験する。SATは、証拠にもとづいた読解と論述（英語）（Evidence-Based Reading and Writing）、数学が必修で、小論文は選択である。ACTは英語、数学、読解、科学的思考力が必修で、小論文は選択である。SATは年7回、ACTは年6回実施され、最も高い得点を出願の際に使用できる。しかも、一定の得点を上回り、高校の成績も一定の要件を満たしていれば、合格できる大学もある。いわば基礎資格的な試験といえよう。ただし、有名大学に合格するためには、SATまたはACTの高い得点が要求され、SATとACTは競争的な試験となる。つまり、SATとACTは制度的に競争と資格の二面性を有する試験なのである。アメリカ全体をみたとき、日本、韓国、中国のような一元的試験とは言い難い。その理由として、SATやACTは複数回受験が可能であること、SATやACTの得点を入学の資格的に扱う大学があること、SATやACTだけでは合否が決まらず、各大学がSATまたはACTの成績、高校の成績、推薦書、小論文、アドバンスト・プレイスメント（高校で大学レベルの授業を履修する）の成績を総合して選抜を行う場合があること、SATやACTを必要としない選抜も少しずつ増えていること（松井、2009：14）、アドミッション・オフィサーの役割が増えていることがあげられる。

　以上の分析から、オーストラリアの後期中等教育修了資格試験は、競争的資格試験であると指摘できる。ここで競争的という意味合いを説明するために、リーグテーブルの存在を指摘しておきたい。リーグテーブルは公的なものではないが、インターネット上に公開されている[2]。ビクトリア州の後期中等教育修了資格試験で、優秀な成績を収めた上位10校をみると、そのうち、公立学校が2校あることがわかる。その2校は、入学に際して選抜試験がある都市部の選抜校である。このような側面は、競争を意味し、また、選抜校の生徒の割合がとりわけ私立学校では家庭の経済的背景の強さが背景となっている（Teese、2000：210）。ここから、競争と経済格差の関係の存在を指摘できる。

2. オーストラリアの後期中等教育修了資格試験の
歴史的変遷

　1960年代初頭、オーストラリアの中等教育では、州によって異なるが、概して、三つの資格試験があった（Connell, 1993：40）。一つ目は、10学年末に行われる前期中等教育修了資格である。これは、クイーンズランド州、西オーストラリア州ではJunior Certificate、ニューサウスウェールズ州、首都直轄区、南オーストラリア州ではIntermediate Certificate、タスマニア州ではSecondary School Certificate, C Gradeと呼ばれていた。二つ目は、Leaving Certificateと呼ばれる11学年末の試験である。三つ目は、matriculation（ビクトリア州、タスマニア州）、Senior Certificate（クイーンズランド州）と呼ばれる12学年の末の大学入学試験である。州や直轄区によって名称が異なり、非常に複雑になっていた。なお、ニューサウスウェールズ州の場合、大学入学試験の原型が導入された時期は1912年であり、ビクトリア州の場合、1916年である（Ibid：316-317）。

　1960年代初頭の公立中等学校は、都市部では選抜が厳しく、学校ごとによって、進学を目指す男子中等学校、女子中等学校、工業ハイスクール、商業ハイスクール、家政ハイスクール、農業ハイスクールに分かれていた。地方では、一つの中等教育学校の中に、進学コース、工業コースなどのようにコースが配置されていた。しかし、これらの学校は、1960年代の間に、総合制の共学のハイスクールに改編された（Ibid：40）。1967年には、ニューサウスウェールズ州において、中等教育が5年制から6年制に改編され、Higher School Certificateが導入された。このような後期中等教育修了資格試験（大学入学試験（Matriculation）と呼ぶ州もあった）は、「生徒を様々な教育上の進路や職業のトラックに振り分ける強力なメリトクラシーな手段」（Ibid：53）であった。1960年代のトップの大学は、シドニー大学とメルボルン大学であり、その次に、ニューサウスウェールズ州立大学、モナッシュ大学が位置していた。

　つまり、1960年代の社会の大衆化に伴い、「非選抜、共学、総合制」（Ibid：

63）の中等教育学校が提唱されるようになった。その基盤となる思想は、集団にもとづく伝統的な学習指導から、個人を尊重した教育への転換であった（Ibid：66）。1970年代になると、人口の増加、移民の増加という人口動態の背景の下、教育への関心が高まり、11学年、12学年の在籍率が上昇した。1967年と1987年の在籍率を比較すると「12学年は23％から53％、11学年は36％から71％への約2倍」（Ibid：81）になっており、大学進学者も増加した。そして、1970年代にかけて、初等教育、前期中等教育のカリキュラムが柔軟に編成されるようになっていった（Ibid：134）。数学、理科教育が、現代の生活を考慮し、総合的な内容に変わっていった。1970年代になると、「学校を基盤とし、教員を基盤としたカリキュラムの編成」（Ibid：169）に向けた運動がおこった。そして、教育内容よりも、学び方、教育のプロセスに重点を置くようになっていった。

　こうした動きの基盤となった政策は、1973年の「オーストラリアの学校」（Schools in Australia）である。この政策は、教育成果の格差縮小（現在でいう公平）、意思決定への参加、教育の質を提唱した（Ibid：228-229）。全国組織であるカリキュラム開発センターが設立されたことも、カリキュラムの変化を促した（Ibid：193）。教育行政の構造も地方分権化が進められ、変容した。

　このような背景の下、1960年代後半には、前期中等教育修了資格や中等教育中間修了資格が廃止されていった（Ibid：210）。ビクトリア州では、1968年に10学年の試験を廃止し、1972年に11学年の試験を廃止した（Ibid：294）。同州では1970年に大学入試（Matriculation）が廃止され、代わりにビクトリア州後期中等教育資格（Victorian Higher School Certificate）が導入された（Ibid：310）。これは校外試験であった。クイーンズランド州では、1970年に校外試験（External Examination）が廃止された（Ibid：299）。校外試験の完全な廃止は、オーストラリア全国で史上初めての出来事である。クイーンズランド州の改革の基盤となった報告書は、1970年のラドフォード報告（Radford Report）である。同報告書では、校内評価を尊重し、その妥当性を担保するためには、オーストラリア学習適性試験（Australian Scholastic Aptitude Test）のような一般能力試験をもとに得点調整する方式を提案した。

　1960年代から1970年代に、中等学校の教員は、大学入試（Matriculation）への批判を強めた（Ibid：311）。その理由は、大学入試のための後期中等教育に

なってしまうという理由からであった。こうした批判を受けて、校内評価が後期中等教育修了資格に導入されるようになった。ニューサウスウェールズ州の後期中等教育修了資格試験は1986年に校外試験と校内評価の組み合わせで評価するようになった（Ibid：317）。西オーストラリア州は1985年まで、校内評価を認めなかった州である。しかし、その西オーストラリア州も1986年に校内評価を導入し、校外評価と組み合わせて後期中等教育修了資格試験の評価を行うようになった。

　以上のような1980年代までの歴史的背景を振り返ると次の点が指摘できる。第一に、1960年代初頭までは試験中心の伝統的な学習指導が強固であった。しかし、1960年代にその改革の思想的基盤がつくられ、その後、1970年代以降、個人を尊重した教育へとシフトしていった。第二に、そのような動きに伴い、後期中等教育修了資格試験に、校外評価だけでなく、校内評価を含めるようになった。ただし、クイーンズランド州は、先駆的に校外評価を廃止している。校内評価の調整のために、一般的適性試験を活用する案も、現在は広く受け入れられているが、元々は同州のラドフォード報告によって提案されたものである。

　このように、現在の後期中等教育修了資格試験の原型が1980年代までにつくられていった。ここで、1990年代以降の動向について素描しておく。1990年代以降の傾向の一つとして、職業教育の充実があげられる。オーストラリアの職業教育は、1974年の連邦政府のカンガン報告（Kangan Committee Report）により、TAFEが設置されたことに始まる。その後、1990年代に、全国教育政策として職業教育が、コンピテンシーを基盤とした教育として、推進された。大学進学を志望する生徒の場合、国や州の方針に準拠したカリキュラムで学び、後期中等教育修了資格試験での高い点の獲得を目指す。これに対して、後期中等教育への進学者の増加や労働環境の変化、未来予測を踏まえたとき、大学を進学先としない生徒にどのようにコンピテンシーベースの職業教育を実施するかが問われてきた。こうした課題に対して、オーストラリアでは1990年代から先駆的に取り組んできた。後期中等教育学校に在学したまま、TAFEにおいて教育を受けて単位を取得することが一般的になっていった。後期中等教育の選択科目を、職業教育を含めて増加したことも、生徒のアスピレーションや自

信を高めて、後の職業選択につなげることを意図していたのである。

3. ニューサウスウェールズ州の Higher School Certificate

　オーストラリアの後期中等教育修了資格は、ニューサウスウェールズ州の Higher School Certificate（HSC）、ビクトリア州の Victorian Certificate of Education（VCE）と Victorian Certificate of Applied Learning（VCAL）、クイーンズランド州の Queensland Certificate of Education（QCE）と Queensland Certificate of Individual Achievement（QCIA）、南オーストラリア州の South Australian Certificate of Education（SACE）、西オーストラリア州の Western Australian Certificate of Education（WACE）、タスマニア州の Tasmanian Certificate of Education（TCE）、首都直轄区の Australian Capital Territory Year 12 Certificate、北部準州の Northern Territory Certificate of Education（NTCE）がある。このように各州・直轄区で異なる資格試験制度が運営されている。

　このうち、ニューサウスウェールズ州の Higher School Certificate、つまり HSC を例として検討する。HSC は、ニューサウスウェールズ州教育水準機構（NSW Education Standards Authority：NESA）によって運営されており、11学年と12学年の生徒が HSC の科目を中等教育学校等で履修する（NESA）。HSC を授与されるために、生徒は11年生向けの予備コースで12単位以上、12年生向けの HSC コースで10単位以上を取得する。HSC の科目は通常一つにつき 2 単位の価値がある。HSC には、NESA 開発コース（Board Developed Courses）の科目と NESA 認可コース（Board Endorsed Courses）の科目から構成される。単位の最小要件の22単位のうち、2 単位は NESA が開発した英語の科目でなければならない。また、3 科目（2 単位以上）は NESA が開発した科目でも認可された科目でもどちらでもよい。

　NESA 開発コースは、英語、数学、科学、テクノロジー、クリエイティブ・アート、自己啓発・健康・体育、人間社会と環境、言語、職業教育訓練カリキュラムフレームワークという領域から構成される（NESA）。例えば、英語は「英

語標準（English Standard）、英語発展（English Advanced）、英語エクステンション（English Extension）、追加言語としての英語（English EAL／D）、英語学習（English Studies）、英語ライフスキル（English Life Skills）」という科目がある。

　これらの科目はNESA開発コースであるため、その成績がオーストラリア大学入学資格（Australian Tertiary Admission Rank：ATAR）の計算の対象となる。ATARは、0.00から99.95までの数字で表記される相対的な成績である。ATARが80.00だと、１位の学生を最高得点として上位20％の位置の成績になる。その他の面接や作品集も併用されるが、ATARの得点が主な評価基準になり、大学の入学者選抜に使用される。ATARの得点は、各州の後期中等教育修了資格試験（ニューサウスウェールズ州でいうとHSC）の成績が一定の調整（公平性を維持するための科目間調整）を経て算出される。

　HSCは、校内評価と校外試験から構成される。校内評価は、学校の授業の最終的な成績である。その成績は学校からNESAに提出される。NESAでは達成基準に照らし合わせて、成績がチェックされ、必要に応じて調整される。2022年の場合、10月12日に筆記試験（校外試験）が開始され、11月４日に終了した。12月15日に、試験の結果（得点）が生徒に発表された。

　以下では、Aハイスクールの事例を紹介する[3]。Aハイスクールは、100年以上の歴史をもつ公立学校で、選抜入学試験を行わない総合制の中等学校である。地域住民は多民族から構成されている。73％の生徒は英語以外の言語を母語としている。この学校の目標は、「学問的・創造的な卓越性を達成する。幅広い分野でスキルや才能を磨く。内省的で自立した学習者となり、自らの成長に責任をもつ。感情的な回復力、自信、協力する能力、効果的なコミュニケーション能力を養う。公正さと公平さへのコミットメント、より広いコミュニティに対する責任の認識、社会的正義の強い感覚を身につける。」である。2021年から2024年の学校改善計画によると、学校の重点目標として、「戦略的方向性１：生徒の成長と到達度、戦略的方向性２：生徒のウェルビーイング―レジリエンスと自立した学習者の育成、戦略的方向性３：洗練された教師の実践とコラボレーション」が掲げられている。「戦略的方向性１」の中で、HSCの得点向上も目指している。

　Aハイスクールは、７学年と８学年のジュニアスクール、９学年と10学年の

ミドルスクール、11学年と12学年のシニアスクールから構成されている。ジュニアスクールのカリキュラムはすべて必修科目から構成されており、ミドルスクールでは必修科目と選択科目から構成されている。シニアスクールは、HSCの修了要件に即したカリキュラムになっている。その配置科目は「古代史、生物学、化学、中国語、演劇、地球・環境科学、経済学、工学研究、英語エクステンション1、フランス語、ドイツ語、地理学、ホスピタリティ、日本語継続学習、法律学、数学、数学エクステンション1、現代史、音楽、写真（1単位科目）、個人的な発達、健康および体育、哲学（1単位科目）、物理学、ソフトウェア設計と開発、宗教学（1単位科目）、視覚芸術」がある。さらに、12年生のみが履修できるHSC対応科目として、「歴史、中国語、日本語、フランス語、ドイツ語、音楽、数学エクステンション2、英語エクステンション2、理科エクステンション」がある。このように多様な科目を学校で準備し、生徒がHSCに対応した学びが可能になるようにしている。

おわりに

　本章では、第一に、オーストラリアの後期中等教育修了資格は、競争的資格試験であることを明らかにした。第二に、歴史的にみると、試験中心の伝統的学習指導から、個人を尊重した学習指導に転換し、後期中等教育修了資格試験に単一化されていったことを明らかにした。第三に、オーストラリアでは、後期中等教育修了資格試験に関しては州・直轄区の独自性が強いことを指摘した。ニューサウスウェールズ州では、HSCにおいて多様な科目を設置し、生徒の学びの機会を提供している。

　このようなオーストラリアの後期中等教育修了資格と日本の教育を比較すると、どのような考察ができるだろうか。第一に、日本は大学による入学者選抜が重要な位置を占めている。オーストラリアでは、大学入試のための後期中等教育から脱却してきたが、日本では、この点が不十分であるといえる。第二に、オーストラリアでは、個人を尊重した教育が目指され、それを実現するためのカリキュラムと資格試験制度が追究されてきた。日本では、前期中等教育（中

学校）、後期中等教育（高等学校）の行政所轄が市町村教育委員会と都道府県教育委員会に分かれており、高校入試も維持されてきた。このような背景から、個人を尊重した教育、選択科目の増加、探究学習の導入という観点からの試験制度の改革について、日本はオーストラリアよりも遅れてきた。第三に、ニューサウスウェールズ州の学校（事例校）では、生徒のウェルビーイングの実現が目指されている。そして、HSC対応科目も整備されている。日本では、ウェルビーイング概念自体、政策上の位置づけもよく検討されておらず、学校段階には浸透していないため、オーストラリアに学ぶ点があると考えられる。

〈注〉

1　本章の第1節は、本書の広範囲の読者を対象にして、オセアニア地域の教育の研究と理解に資するために、次の拙論の一部を修正記述したものである。拙論「大学入試制度改革の課題と展望―諸外国及び国際バカロレアとの比較を通して―」『日本教育経営学会紀要』第59号、2017年。

2　https://bettereducation.com.au/results/vce.aspx（2022年9月22日閲覧）

3　学校の事例については、同校のホームページ掲載の情報や関連文書等をもとに記述した。

〈参考文献〉

- 木戸裕「ドイツの大学入学法制―ギムナジウム上級段階の履修形態とアビトゥーア試験」国立国会図書館調査及び立法考査局『外国の立法』238号、2008年12月。
- 坂本尚志「バカロレア哲学試験は何を評価しているか?―受験対策参考書からの考察―」『京都大学高等教育研究』第18号、2012年。
- 中村高康「試験」『現代社会学事典』弘文堂、2012年。
- 南部広孝『東アジアの大学・大学院入学者選抜制度の比較―中国・台湾・韓国・日本―』東信堂、2016年。
- 松井範惇「アメリカの大学アドミッションとアドミッション・オフィサーの新しい課題」『大学評価・学位研究』第10号、2009年。
- Connell, W. F. Reshaping Australian Education 1960-1985, The Australian Council for Educational Research Limited, 1993.
- NSW Education Standards Authority(NESA)NSW Syllabus for the Australian Curriculum, English Studies Stage 6 Syllabus, 2017.
- NSW Education Standards Authority(NESA)Website （https://educationstandards.nsw.edu.au/wps/portal/nesa/11-12/hsc/about-HSC）（2022年9月12日閲覧）.
- Teese, R., Academic Success and Social Power: Examination and Inequality, Melbourne University Press, 2000.

（佐藤　博志）

第2章

社会経済的背景から考えるオーストラリアの後期中等教育修了資格と社会的公正

第 2 章

社会経済的背景から考えるオーストラリアの後期中等教育修了資格と社会的公正

〈本章を読む前に〉

　教育成果の達成度の格差は、学習者本人の努力や学習量のみに起因するものではない。ましてや、教員の資質能力を含めた学校の学習環境だけに影響されるものでもない。本章で考察対象となるオーストラリアでも、因果関係は必ずしも明らかになってはいないが、家庭背景（両親の教育歴・職業）、居住地域など社会経済的背景と学力の達成度の相関関係については多くのデータが公表されている。これは近年の研究成果のみならず、オーストラリアでは古くは1973年の「オーストラリアの学校（Schools in Australia：カーメル報告）」などでも、教育の平等（equality）という観点から、両親の属性や居住地域と学校教育の関係について言及している。つまり、学校教育で達成する成果と子どもたちの社会経済的状況との関連性に関心がもたれたのは近年の出来事ではないということである。

　このことは、本章で考察するオーストラリアの後期中等教育修了資格の履修内容や大学入学判定などの教育成果とも関わってくる。この将来のキャリアに直結する中等教育と学習者の社会経済的背景の関連性は、同国でも1990年代には少なくとも関心をもたれており、その資格の取得状況だけではなく、履修教科までも社会経済的背景によって異なることも明らかにされてきた。

　そこで、本章では学校教育の成果とは、初等教育段階から後期中等教育段階、大学入学に至るまで学習者の社会経済的背景と関連していることを示していく。また、それらの関連性が社会的にいかなる意味をもち、それが社会的に公正な社会を作り上げていっているのか、またそのような公正な社会を創り出すために、どのような対策が練られているのかを本章では明らかにしたい。

はじめに

　本章は、後期中等教育とその修了資格、そして大学をはじめとした高等教育との接続に焦点を当てて、オーストラリアの教育成果と社会経済的背景の関係性を明らかにする。後期中等教育修了資格のオーストラリアの動向に関しては前章でも扱われていたが、ここでは、そこに高等教育との接続の視点を追加し、それらと「社会経済的背景（socio economic background）」「社会的公正（social equity）」とを関連づけて考察する。

　最新の国家教育指針である「アリス・スプリングス宣言」（2019）においても、下記の二つの教育目標を掲げている。

　　目標1　オーストラリアの教育システムは卓越性と公正性を推進する。
　　目標2　すべてのオーストラリアの若者は以下のようになる。
　　　　　・自信に満ちた創造的な学習者
　　　　　・成功した生涯学習者
　　　　　・コミュニティの活動的で知識のある構成員

　このように、全国的な教育指針においても、卓越性と同時に公正性は重要視されている。これらの主題を扱うことにより、オーストラリアの学習者が到達する学習成果は、その社会経済的背景とは無縁ではないことを明らかにする。本章では、それらの関係性の「負」の側面を払拭するために、様々な取り組みが特に後期中等教育や高等教育の入学の際に実施されていることを提示したい。とはいえ、社会経済的背景と社会的公正の定義は、その関連づけられるテーマによっても異なることが特徴である。

(1)　社会経済的背景について

　まず、社会経済的背景の定義に関して述べる。ここでは、日本での全国学力・学習状況調査に相当する、オーストラリア・カリキュラム評価報告機構（Aus-

tralian Curriculum, Assessment, and Report Authority：ACARA）が運営している
オーストラリアの「リテラシーとニューメラシーの全国学習到達度評価プログラム」（The National Assessment Program-Literacy and Numeracy：NAPLAN）で提示されている項目と関連づけて、説明したい。NAPLANの分析項目には、居住地域（geolocation）、先住民としての地位（indigenous status）、英語以外の言語背景（language background other than English）、保護者の教育歴（parental education）、保護者の職業（parental occupation）、性別（sex）が含まれ、これらが児童生徒の個別の属性に伴う社会経済的背景を分析する軸となる。ただし、性別などは男女の二つの区分になっているため、今後、より多様な選択肢を含め検討を進める必要があるとともに、性別を含め、どの項目が学力成果との差を調べる上で有益であるかを見極める必要があろう。

　一方、同じくACARAが運営しているマイスクール・ウェブサイトでは学校の社会経済的背景の下に、NAPLANの成果による単純な学校比較やランキング重視の風潮を回避するため、類似する学校同士の教育成果などの数値の比較している。ここでは、地域社会・教育的優位性指標（Index of Community Socio-Educational Advantage：ICSEA）をもとに社会経済的背景の観点から学校の教育的環境の有利・不利を算定している。そしてNAPLANのように個人の社会経済的背景を、学校に就学する子どもたちを集団的に換算し、学校としての背景に、へき地度合いや先住民生徒の就学率などを複合的に捉えた上で、導き出している。これにより、例えば社会経済的に低い環境にある学校の中で、高い成果を残している学校を判別することができる。

　この社会経済的背景の項目の分析により、学習成果が学習者本人や学習者が就学する学校のみに関連づけられることは適切ではなく、幅広く学習者個人やその出身家庭や地域など幅広く関係することがわかる。そして、それらの「差」を是正し、尊重するプロセスを裏づけるのが社会的公正という概念となる。

(2)　社会的公正について

　次に社会的公正の定義に関して述べる。これは社会経済的背景と学力を関連づける概念となる。つまり、学習者や学校の社会経済的背景による学習成果への影響に関する状態を指し示す。志水は公正と平等について、卓越性と教育の

質に関連づけて、次のように述べている（志水、2021：34）。

　公正（equity）とは、「すべての子どもに十分な教育機会を提供し、適切な教育保障を達成できているか」という、教育の平等（equality）に関わる概念であり、卓越性（excellence）とは、「すべての子どものポテンシャルを最大限に伸ばすことができているか」という、教育の質（quality）に関わる概念である。

　つまり、学校教育における社会的公正の実現とは、社会経済的背景による影響を最小限に抑え、自らの学習に関わる潜在能力を最大限に発揮できる状態といえる。ただし、学習者は社会で生活している限り、その社会経済的背景から影響を受けずに、学習をすすめることは難しいといわざるを得ない。

　公正と類似した用語としては平等がある。公正・平等、いずれも社会の望ましい状態を目指す用語ではある。教育における平等に関しては、「機会の平等」と「結果の平等」とを区分して考えられる場合もある。機会の平等は、学習者が様々な教育の場にアクセスすることを保障するという観点からの概念である。一方で、アクセスすることはできるが、それに伴う結果は学習者自身が望むものが得られるとは限らない。例えば、高等教育に就学する権利は国民誰もが有している（機会の平等）。ただし、経済的状況や本人の到達する学力によって、誰もが到達できるとは限らない（結果の平等）、というものである。ここで問題となるのが、結果の平等を考える際、到達した学力と学習者の社会経済的背景の関連性に伴う社会的公正である。

　この点で、橋本（2021：52）はさらに考察を進め「公正は正当化されうる不平等のあり方を指す。そこから正当化されえない不平等、つまり不公正が照らし出され、その是正がめざされる」と表現している。つまり、結果の不平等を是正するために、個々の学習者への学習支援が全体的に不平等となる場合もあるが、それは公正の観点から正当化される。それは、視点を変えれば、等しさを重視する平等性を重視する場合、学習者全体への学習方法や支援を一律化し、実質的な平等性を担保することができるが、それは結果として不公正となり、その是正が求められなければならないのである。

　それでは次に、社会的公正の概念を踏まえた上で、オーストラリアの学校教育の実際を考察したい。

1. オーストラリアにおける学習成果と社会経済的格差の関係性

(1) 「リテラシーとニューメラシーの全国学習到達度評価プログラム」（NAPLAN）

　NAPLANはオーストラリアで毎年実施されるリテラシーとニューメラシーの達成度を調査する全国規模の学力調査である。リテラシーはさらに、読解、作文、文法に区分されている。対象は、3年生・5年生・7年生・9年生であり、例外は設定されているが、基本的には悉皆調査となる。この調査は、ACARAが運営しており、その全国的な結果は全国報告書、そして、個別の学校の成果はマイスクール・ウェブサイトで公表されている。そこで活用されているのが先述のICSEAとなる。

　報告書やマイスクール・ウェブサイトでは、リテラシーとニューメラシーに関する学力の全国的・州別の達成度だけではなく、様々な属性と学力の相関関係が公開されている。つまり、学力的な「差」が公表されているのである。日本の全国学力・学習状況調査はへき地と都市部との比較、都道府県別の情報などは開示されている一方で、子どもたちの属性と学力調査の関係性が一般的に公表されてはいないのがオーストラリアと異なる点である。

　表1は、9年生のニューメラシーの到達度を示している（2021年）。この学年は、日本では中学校2年生に相当し、本章の主要テーマである後期中等教育での教育成果の前段階として捉えることができる。特に到達率の格差と関連する属性は「先住民属性」「地理的状況」「両親の教育歴・職業」であり、これらはいずれも属性間で10ポイント以上の格差がある。

　地理的状況では、先住民と非先住民が異なる傾向を示しているが、大都市圏とへき地の先住民生徒の格差は40.6ポイントにも達している。さらに詳細を述べると、9年生のニューメラシーの最低限到達すべき基準（ミニマムスタンダード）はバンド6となっている。へき地の先住民生徒はバンド5以下の水準が40.5％となっている。これはへき地の先住民の9年生の4割近くは、ACARA

が設定する学年基準によると、少なくとも2学年分、全国の平均的な9年生に比べ学習進度に遅れが生じていることを意味する。一方で、先住民とは異なり、非先住民の大都市圏とへき地との差は2ポイントにも満たない。また、大都市圏を除く他の地域では、ほぼ学力差が認められない。このことを考えると、地理的状況が学力に及ぼす影響は先住民属性と比べ小さいといえる。

表1　ニューメラシー分野（9年生）のミニマムスタンダードへの到達率（2021年）

性別	男性 94.1% ＜ 女性 95.3%	
先住民	先住民 78.5% ＜ 非先住民 95.8%	
言語背景	英語以外の言語背景 94.4% ＜ 英語の言語背景 94.8%	
地理的状況	先住民 大都市圏：85.0% 地方都市部：81.8% 地方部：77.8% 遠隔地：63.8% へき地：44.4%	非先住民 大都市圏：96.2% 地方都市部：94.4% 地方部：94.7% 遠隔地：94.6% へき地：94.3%
両親の教育歴	バチェラー：98.4% ＞ ディプロマ：95.9% ＞ サーティフィケイト：93.2% ＞ 12年生：93.8% ＞ 11年生以下：82.9%	
両親の職業	Group1：98.3% ＞ Group2：97.4% ＞ Group3：95.0% ＞ Group4：91.2% ＞ 有給職なし（12カ月以内）：83.5% ※ Group1：上級マネージャー・有資格専門職 　Group2：他のマネージャー・準専門職 　Group3：事務職・販売サービス業・技能職 　Group4：機械オペレーター・接客スタッフ、アシスタント、作業員	

（出典：ACARA（2021）をもとに筆者作成）

　また、両親の属性が学力に及ぼす影響もみられる。両親の教育歴では「12年生以上か11年生以下」か、職業では「Group 4かそれ以上か」「有給職に就いているか、いないか」が、その格差の分岐点になることがわかる。オーストラリアの義務教育は10年生までであり、11年生・12年生は後期中等教育のカテゴリーとなる。近年、後期中等教育への残留率（retention rate）は1970年代～

80年代前半は30%を推移し、現在の子どもたちの親世代が中等学校に就学していたであろう80年代中頃から90年代にかけて70%台の中頃まで上昇していった（Long, 2011：10）。2021年現在では81.6%となっている。ただし、最も数値が高い首都直轄区（89.7%）と最も低い北部準州（67.5%）に大きな格差が存在する。これも、NAPLANと同様に、北部準州には先住民生徒が多く居住していることがその一因になっていると考えられる。日本は、高等学校への進学率が95%を超えていることからも、日本の高等学校に相当する11・12年生への進学率が高い地域でも約9割、低くて7割弱という状況には違和感を覚えるであろう。しかしながら、この数値的な格差を学力格差と捉えるか、それとも進路の多様性と捉えるかは議論を待たねばなるまい。

　以上のことから、NAPLANの結果からは、先住民との学力格差、および社会階層との関係性の社会格差が明確となっている。これらは義務教育期間の初等教育から前期中等教育に関するデータであるが、本章の主テーマである後期中等教育に移行し、すぐにそれらの格差が是正されるとは考えられない。そのため、これらの状況を踏まえた上で、次項に進みたい。ただ、そのためにPISAのデータも概観したい。

(2)　OECD生徒の学習到達度調査（PISA）

　NAPLANとほぼ同様の結果が、経済協力開発機構（OECD）が実施するPISAにおいても公表されている。これは、全世界の15歳の生徒が参加する学力調査であるが「教科」ではなく、読解力、数学的リテラシー、科学的リテラシーの3領域を対象としたコンピテンシーベースの調査となっている点が、同じく国際的学力調査である国際数学・理科教育動向調査（TIMSS）とは異なる点である。

　2018年のオーストラリアの教育研究機関（ACER）のPISA報告書によると、地理的な背景、社会経済的背景、先住民的背景、移民的背景、言語的背景と成果の結果が整理されている。日本では、国立教育政策研究所が同様の報告書を公表しているが、社会経済文化的背景と関連させ、3分野の習熟度レベルの割合が分析されている点はオーストラリアと同様であるが、その他の背景に関しては公表されていない。

ここでは、社会経済的背景に焦点を当てる（Sue Thomson et.al., 2019：82）。その背景を4分の1に分割した場合、最上位の生徒の中間値は549ポイント、最下位の生徒は460ポイントと89ポイントの差があった。2000年には最下位と最上位の格差は102ポイント、2018年には89ポイントの差があり、これは約3年間の学校教育の差を示している。得点自体は、18年間で最上位層は38ポイント、最下位層は24ポイント減少している。

　日本でも、同様の結果が示されている。読解力に焦点を当てると、レベル1以下は、社会経済的背景の最上位層が9.5％であるのと比べ、最下位層は27.2％と約3倍近くの差がある。一方でレベル5以上は、最上位層の17.8％と比べ、最下位層は2.9％と、その割合の差は約6倍である。とかく、国全体のランキング順位に世論の関心は集中するが、日本においても国内は「格差」と表現できるほどの状況にあることは明らかである。

2.　中等教育および、その後期中等教育修了資格と社会経済的背景

（1）　就学者と社会経済的背景

　オーストラリアの学校制度は、州立学校（public school）、私立学校（independent school）、カトリック学校（catholic school）に大別できる。また、さらに大都市圏になると公立学校の中でも、完全選抜制学校、部分的選抜制学校、無選抜学校に分けることができる。ニューサウスウェールズ州の場合、選抜試験には、読解力・数学的思考力・思考力・文章力が測られる。同州の教育省が示す選抜制学校のパンフレットによると、ウェブサイトでテストを確認しておく必要があるとは述べているが「テストのための特別な指導によってテスト結果に違いが出るという確かな証拠はない」と注意を促している（NSW Department of Education, 2018）。しかしながら、都市部の大型書店に行くと、選抜制学校への対策指南書がいくつか配架されているのを筆者は目にしている。

　シドニーとメルボルンを事例とした社会経済的および学力の階層に関する調

査によると、私立学校と完全選抜制学校は社会経済的階層の高い家庭の出身の生徒が多く在籍していることを明らかにしている。そこでは、同時に特に完全選抜制の学校では、最も高い社会経済的階層出身の生徒が多く就学し、他の学校形態に比べて、最も高い学力成果を残していることを示している（Tham, 2021：16-17）。シドニーやメルボルンの選抜制高校では、定員制限や公正性の観点からの入学枠などを設けている。例えば、ニューサウスウェールズ州公立高校の全体の場合、社会経済的に低い背景出身の生徒は38.1%が在籍しているが、選抜制高校の同出身者は20.8%である。同様に先住民生徒は公立学校全体では8.4%いるが、選抜制高校では1.6%、遠隔地出身の生徒は全体では6%であるが、選抜制高校では3.9%といずれも、両方のタイプの学校を比較すると差が出ている（NSW Department of Education, 2018）。それを是正しようと、特別枠などを設定するなどの対策を実施している。また、オーストラリアのいくつかの州では、かつての通信制の学校の選抜コースを設置した学校に改編しているケースもある。しかし、それらの制度が選抜制高校に及ぼす影響は限定的とされている。シドニーとメルボルンの状況は若干異なるが、概要は同じ傾向を示している。都市部における中等教育を考える際、この学校選択と社会経済的背景の関係性は避けては通れないテーマとなる。

(2) 修了資格と社会経済的背景

　後期中等教育修了資格と社会経済的背景の関連性については、1980年代から1990年代のデータをもとにして、リチャード・ティースらが社会的統合などの視点を含め、『非民主的な学校教育（Undemocratic Schooling）』にまとめられている（Teese & Polesel, 2003）。ここでは、1980年代と1990年代のビクトリア州の修了資格の履修科目と生徒の社会経済的背景の関係性を考察し、この20年間によって、労働者階級・社会経済的に低い背景出身の生徒が中等教育修了資格への参加者数が増加したことを示している。1985年と1998年の資格科目と社会経済的背景の関連性が説明されているが、科目間で、履修している生徒の出身階層に違いがあることが指摘されている。大学進学の際に大学が認可している科目は、より高い社会経済的背景出身の生徒が履修し、職業訓練や実践的な科目は平均から下位の背景の生徒が履修しており、これはこの20年間で変

化がないとしている。

　次に、ACARAが公表しているデータを中心に後期中等教育修了資格と社会的公正について考えたい。オーストラリア全体で12年生の資格取得状況は、2009年には64%であったが、2020年には76%と上昇している（ACARA, 2022）。

　取得率を性別ごとに考察したい。2009年の取得率は男性58%、女性70%とその差は12ポイントであった。2020年になると男性が72%、女性が81%とその差は9ポイントとなる。この20年間で、男女ともに取得率は向上し、男女間の格差も3ポイントほど縮小したが、依然として男女間の差が認められる。性別による差をもう少しだけみてみよう。表2は、高等教育への進学に必要な科目の登録者割合を男女別に掲載したものである。男性が女性を上回る割合で登録している科目は、技術（technology）と数学（mathematics）のみである。特に技術はその差が14.1ポイントと他の科目と比べ、その差が大きい。一方、芸術（the arts）は女性が男性を12.1ポイント上回っている。とはいえ、全体的に中等教育修了資格が上回っている分、登録割合においても女性が男性を上回っている科目が多い。この傾向は、ここ10年ほど変化がない。

表2　12年生の科目別登録者割合（性別ごと）：2020年

	男性	女性	差 （男性－女性）
保健体育	23.6%	33.1%	-9.5
技術	36.1%	22.0%	14.1
言語	7.3%	11.5%	-4.2
芸術	17.0%	29.1%	-12.1
科学	44.6%	54.0%	-9.4
人文社会科学	49.2%	59.0%	-9.8
数学	68.0%	64.7%	3.3

（出典：ACARA（2022）をもとに筆者作成）

　次に居住地別（大都市圏と遠隔地・へき地）の数値である。2009年の段階では、大都市圏は66%の修了率であったが、2020年には79%と13ポイント上

昇している。一方で遠隔地・へき地は2009年には51%、2020年には65%の修了率と14ポイント上昇している。上昇率だけを考えると、大都市圏を1ポイント上回っているが、依然、大都市圏と遠隔地・へき地の格差は14ポイントある。州別比較は後述するが、特に北部準州の遠隔地・へき地は修了率33%と、遠隔地・へき地の全国平均と比較しても32ポイントの差がある。ここでも、男性の修了率は女性を下回っており、それぞれ26%と39%となっている。

一方、例えばクイーンズランド州の両地域の修了率の差は、大都市圏が男性76%、女性が81%、遠隔地・へき地では男性が72%、女性が81%と、男性こそ4ポイントの差があるが、女性は差がない状況にある。

地域性については、特に数学科目では、遠隔地・へき地においては、優秀な教員を採用することが難しく、それが大都市圏との教育成果の差につながっているとの指摘もされている（Murphy, 2018：231）。

これらの数値を三つに分類された社会経済的背景別に分けたものが表3である。12年間にいずれの背景の12年生の資格取得率も上昇していることがわかる。特に上位層よりも、中位・下位層の方がより上昇率が高い。しかしながら、下位層と上位層を比べると依然として10ポイントほどの差があることがわかる。

表3　社会経済的背景別12年生の資格の取得率

社会経済的背景	2009 年	2020 年	増減
上位層	75%	82%	＋ 7
中位層	62%	76%	＋ 14
下位層	56%	72%	＋ 16

（出典：ACARA（2022）をもとに筆者作成）

また、州によっても取得率は異なり、南オーストラリア州が91%と抜きん出て高い。それに、首都直轄区（81%）、ビクトリア州（80%）、西オーストラリア州（80%）、クイーンズランド州（77%）の一群が続き、タスマニア州（59%）、北部準州（56%）が下位層となっている。シドニーを擁するニューサウスウェールズ州は70%と下位層と中位層の中間に位置づく。

以上のことからも、後期中等教育修了資格の取得と社会経済的背景の関係性

は明らかとなる。そして、現在では、STEMの領域において、特に社会経済的背景の影響が強く残存しており、ここに焦点が当てられ、奨学金を含めた支援策が展開されている。

3. オーストラリア高等教育入学ランクと社会的公正

　近年、州を横断しての高等教育機関進学のためのシステムが整えられ、その一環としてオーストラリア高等教育入学ランク（Australian Tertiary Admission Rank：ATAR）を作り出すこととなる。ここでは、後期中等教育修了資格とATARの違いを説明した上で、その社会的公正との関係性を論ずる。

　ATARとは、そもそも大学入学志願者を客観的かつ公平に選考するために等級づけすることを目的としている数値である。そして、大学での学習に対するレディネス（準備状態）を示すために設計されており、「合格・不合格」という概念ではない。ATARを示す表現として、「等級（rank）であり、得点（mark）ではない」と時折、示される（UAC, 2021）。0から99.95の範囲内で0.05ごとに等級づけされる。例えば、80.00と等級づけられれば、対象者は母集団の上位20%に位置していることを意味する。これらの基本原則は、各州において共通である。しかしながら、ポイントの換算方法は、各州によって異なるが、生徒が自ら就学する中等学校と同じ州の場合も、他の州の大学に入学を志望する場合も、ATARが参考資料となる。

　これらの業務は、ニューサウスウェールズ州であれば、大学アドミッションセンター（University Admission Centre：UAC）が管轄している。UACは、州内の大学により出資されている民間企業と位置づけられ、例えば同州であれば、後期中等教育修了資格（HSC）を運営している教育スタンダード機関（Education Standard Authority）とは連携はしているがそことは独立した組織である。他州も、後期中等教育修了資格を管轄している機関とは別組織を設置し、ATARは対応している。

　課題としては、例えばビクトリア州においてはビクトリア州教育資格（Victorian Certificate of Education：VCE）の職業系科目には対応している一方で、より職業実践的な後期中等教育修了資格であるビクトリア州応用学習資格（Victorian Certificate of Applied Learning：VCAL）には対応していない。また、国際バカロレアにも対応しておらず、別の大学入学指標が示されている。

　このATARの指標においても、社会経済的な差は認められる（Manny, 2020）。例えば、ニューサスウェールズ州では、ATARの上位10％以内に占める割合は、社会経済的背景を4分割した場合は、最上位は57.2％、上位22.6％、下位12.6％、最下位7.6％となる。それぞれの階層では、最上位と最下位は約50ポイントの差がある。一方、下位30％以下に占める割合は、最上位が10.5％、上位19.7％、下位30.1％、最下位39.5％であり、ATARの上位層とは逆の傾向が認められ、最上位と最下位は約30ポイントの差がある。ここからは大学入学の際の指標も社会経済的背景が大きく影響していることがわかる。

　また、これらのATARの等級の高低は、大学入学後の成績との関係性も指されている（Manny, 2020：7）。入学後の履修科目がすべて「不合格とならなかった」割合は、ATARの等級が90％以上だった場合は80％台の後半であり、30％未満の場合は30％台前半から中頃となっている。ATAR自体が大学入学後を見据えた準備状況を示す指標であることを考えると、この結果は妥当である。しかしながら、ATAR自体が社会経済的な背景の影響を受ける以上、それを関連づけると、その背景が大学の成績、そして結果的にはそれが大学卒業にも影響を及ぼすことになる。

　先述の選抜制高等学校がATARでも高ランクに位置する一つのルートと考えられていることからも、社会階層が高い家庭出身の生徒が多く進学することとも関連する。一方で、そもそもATARの指標の土俵に上がるためには、11・12年生を修了しなければならない。義務教育段階の修了の段階で学校を去る学習者も社会経済的背景と関連していることはすでに述べたとおりである。そのため、ATAR以外の方法で、高等教育も含む後期中等教育後の教育・訓練機関への進学可能性を学習者に広く周知する方法もまた提言されている（O'Connell, 2022：11-12）。

4．社会的公正を促進するための方策

　高等教育における社会的不公正は、2008年12月の「オーストラリアの高等教育に関する調査報告書（ブラッドリー・レビュー）」とそれを受けて、翌年、連邦政府から発表された政策文書「オーストラリア高等教育システムの転換」でも一貫して是正されるべき状態として指摘されている。社会経済的に低い背景出身の学生たちは、全人口の約25％を占める一方で、1980年代後半から2000年代にかけて、高等教育に進学する割合は約15％にとどまり続けている（Commonwealth of Australia, 2009）。この層に焦点を絞り、サポートを提供することが、オーストラリア全体の高等教育への就学率を促進することにつながるとし、財政的なサポートの実施を打ち出した。

　それを具体化したのが、2010年から高等教育機関への財政支援を伴う「高等教育就学・パートナーシッププログラム（Higher Education Participation and Partnerships Program：HEPPP）」である。これは成績優秀者への奨学金的な意味合いをもつプログラムとは性格を異にする。実施当初、このプログラムは、社会経済的に低い層のみを対象としていたが、2021年から対象に遠隔地・へき地出身の生徒や先住民生徒も含まれることとなった。HEPPP以外にも、経済面での支援に重きをおいた高等教育ローンプログラム（Higher Education Loan Program）などや障害をもった学生に焦点を絞ったサポートプログラムも準備されている。しかし、本節では幅広い意味で、高等教育以前の教育段階からの継続性を重視しつつ、学力の支援に関わるHEPPPを考察する。

　HEPPPでは、「就学促進」「パートナーシップ促進」「全国優先事項の蓄積」の三つの領域から、高等教育における社会的公正を促進しようとしている。「就学促進」は、高等教育の学部資格取得のためのコースに国内の低い社会経済的背景からの生徒の登録者数を増加させることを目的としている。「パートナーシップ促進」は効果的なアウトリーチや関連活動を通して、高等教育へのアクセスや就学を目指す社会経済的背景の低いSESの生徒の総数を増やすことが目的である。アウトリーチとはすなわち、高等教育機関の範囲を超え、中等教育

や初等教育にまで出向き、高等教育進学のための「種まき」をすることである。「全国優先事項の蓄積」は、HEPPPの実施の効果性を全国的にもしくは個々の組織的に高めることを目的としている。これらの目的を達成するために、「プレアクセス」「アクセス」「就学」「達成と移行」という四つの段階が設定されている。

「プレアクセス」は、高等教育へのアクセスの基盤づくりとして、就学前の幼児、初等・中等学校の生徒や教員、保護者、地域住民などの幅広い層を対象として、高等教育を受けた場合のキャリアへの期待や向上心を醸成することを目的としている。「アクセス」は、高等教育にアクセスし、入学を実現する機会を提供するために、中等教育の生徒や中退者、成人、職業教育訓練の生徒を対象としている。「就学」は、高等教育入学後のアカデミックリテラシーを含めた学習支援の提供を目的として、大学生たちを対象としている。最後の「達成と移行」は高等教育修了後のことを見据え、エンプロイアビリティや大学院進学の研究などの支援を提供する。

奨学金的な支援のみならず、長期的な視野から、それぞれの段階における支援によって、後期中等教育と大学進学の接続の面で、社会的公正の実現を図っている。

おわりに

社会的公正は決して数値的に変換可能な学力の格差の是正を目指すものだけではない。確かに、学年ごとの標準的な達成度のようなミニマムなスタンダードの格差は一定程度、是正を目指し、公正を実現する目標を批判する者は少ないであろう。しかし、生徒の社会経済的背景をそのまま全国的な数値的指標と照らし合わせ、そこに格差を見出す方向性は社会的公正の一面的な理解といわざるを得ない。後期中等教育と学習者のその後のキャリアの観点から社会的公正を考えるとき、その資格内容と社会経済的背景などさらに幅広い視点が必要になろう。

〈参考文献〉
- 志水宏吉『二極化する学校：公立校の「格差」に向き合う』亜紀書房、2021年。
- 橋本憲幸「教育のグローバル正義とは何か：分配をめぐるアポリア」『国家（教育学年報12）』（青木栄一他編）、世織書房、2021年。
- ニューサウスウェールズ（NSW）州教育省「オポチュニティ・クラスおよびセレクティブ・ハイスクール：保護者向け情報」（出版年不明）。
- Acil Allen Consulting, *Evaluation of The HEPPP: Report to Department of Education and Training, 2017.*
- Australian Curriculum, Assessment and Reporting Authority（ACARA）, *National Assessment Program: Literacy and Numeracy: National Report for 2021,* 2021.
- Australian Curriculum Assessment and Reporting Authority（ACARA）, *National Report on Schooling 2020,* 2022.
- Commonwealth of Australia, *Transforming Australia's Higher Education System,* 2009.
- Department of Education , Skill and Employment, *The Alice Springs（Mapatwe）Education Declaration,* 2019.
- Long, Michael et.al., *Participation in Education and Training 1980-1994,* Australian Council for Educational Research（ACER）, 1999.
- Manny, Anthony, *Socio-Economics Status and the ATAR,* 2020.
- Murphy, Steve, *School location and socioeconomic status and patterns of participation and achievement in senior secondary mathematics,* Mathematics Education Research Journal 31, 2019.
- NSW Department, of Education, *Review of Selective Education Access: Findings and Action Plan,* 2018.
- O'Connell, Megan et.al., *Pathway or Goat Tracks- Non-ATAR University Entrance,* 2022.
- Teese, Richard & Polesel, John, *Undemocratic Schooling: Equity and Quality in Mass Secondary Education in Australia,* Melbourne University Press, 2003.
- Tham, Melissa, School selectivity and socioeconomic and academic stratification in metropolitan Sydney and Melbourne, *CIRES Working Paper 02/2021.* Centre for International Research on Education Systems, Victoria University, 2021.
- Thomson, Sue et.al., *PISA 2018: Reporting Australia's Results VolumeI Student Performance,* ACER, 2019.
- Thomson, Sue et.al., *PISA 2015: Reporting Australia's results,* 2017.
- University Admission Centre（UAC: NSW & ACT）, *ATAR essentials,* 2021.

（伊井　義人）

Column

日本の論点―入学試験制度と教育格差―

　令和3年度に大学入試センター試験に代わり大学入学共通テストが導入されるまで、予定されていた国語や数学の記述式による出題や民間英語試験の導入、すなわち大学入試英語成績提供システムをめぐる議論が活況を呈していた。令和元年12月27日に文部科学大臣決定により開催した大学入試のあり方に関する検討会議は、令和3年7月8日までに提言をまとめた。検討事項は、（1）英語4技能評価のあり方、（2）記述式出題のあり方、（3）経済的状況や居住地域、障害の有無等にかかわらず安心して試験を受けられる配慮、（4）その他の大学入試の望ましいあり方（ウィズコロナ・ポストコロナ時代の大学入試）の4点である。提言のすべてと会議資料は文部科学省のサイトに掲載されている。

　このうち（3）経済的状況や居住地域、障害の有無等にかかわらず安心して試験を受けられる配慮の基本的な方向性としては、「経済的困窮層の進学率の向上」、「進学率の地域格差・男女格差への配慮」、「障害のある学生への合理的配慮」、「日本語指導が必要な生徒の進学率の改善」の4点をあげ、受験機会や選抜方法の「形式的な公平性」の確保の他に、これらの「実質的な公平性」の追求を重視している。そして、「全ての人が必要な教育を受け、能力を最大限に発揮する社会の構築のためには、高等教育を多様な人材が集まり新たな価値が創造される場にする」という理想を掲げる。とりわけ「経済的な困窮層の大学進学率向上」については、閣議決定による「子供の貧困対策に関する大綱」で政策課題として重視するとともに、1966年に国際連合で採択された「経済的、社会的及び文化的権利に関する国際規約」にもとづく中等教育と高等教育での無償教育の段階的導入に成果があるとしている。

　ここで大学入試に関連づけての経済的困窮層への対応を批評するなら、国語や数学の記述式問題の出題方法や総合的な英語力評価の推進案と同時に論じ、新たな大学入試のあり方としてまとめて施策にすることが、経済的困窮層への

効果の点からプラスになっているのかという懸念がある。すでに日本には教育格差があることが知られており、出身家庭の社会経済的地位や出身地域には、生徒を大学進学に向かわせない障壁が多々ある。記述式問題の出題や総合的な英語力評価の追求により試験制度を複雑に設計すれば、対応しようとする意欲をもてない層にそもそも備わっている障壁が増えると考えられる。「実質的な公平性」が絵に描いた餅になる。関連づけを見直すか、制度設計を簡単なものにするか、今後の検証にもとづく議論が求められる。

〈参考文献〉

大学入試のあり方に関する検討会議『大学入試のあり方に関する検討会議提言』文部科学省、2021年。

（澤田　敬人）

第**3**章

ニュージーランドの後期中等教育修了資格と高等教育への接続

第 3 章

ニュージーランドの後期中等教育修了資格と
高等教育への接続

〈本章を読む前に〉

　オーストラリアを主たる研究対象としている筆者にとって、ニュージーランドの教育制度には常に関心を引き寄せられる。両国はお互いに影響を及ぼし合っているが、教育制度は「似ているようで似ていない」のである。本章で考察対象となる後期中等教育修了資格もその例外ではない。

　特に、義務教育後、自らの学力や家庭背景などを考慮し、後期中等教育段階で学習者は大学、職業訓練、就職など様々な進路を選択するための学習プログラムを履修する。つまり、後期中等教育は、その後のそれぞれのキャリアを積む土台を築く重要な時期であり、そこで習得した「学力」の証明は学習者の将来に大きな影響を及ぼすこととなる。

　そのためには「学力」を測る妥当性が資格の必要条件となる。大学だけではなく、就職先の雇用主も、その資格の証明から入学や採用を決定することになる。ニュージーランドでは、1934年に学校資格（school certificate）を導入して以来、様々な資格制度の実施を試行錯誤してきた背景をもつ。近年では、後期中等教育に進学する学習者の属性・特性も多様化し、本章で考察対象となる後期中等教育修了資格は校内試験や校外試験の併用や、スタンダードとクレジットの併用など様々な模索がなされている。学習者の多様化に対応しながら、将来性のある「学力」を習得し、その過程や結果を証明するための修了資格を本章では考察・紹介したい。

はじめに

　本章では、ニュージーランドにおける後期中等教育修了資格の歴史を述べたあと、現状と課題、そして、大学入学への接続について考察したい。コロナ禍を経て、同国における後期中等教育終了資格も変革が一層迫られている。本章では、将来的な展望も含め、資格の今後を検討する。

1. ニュージーランドの教育制度に関する基本的情報

　最初に、本章の主要テーマである後期中等教育にたどり着くまでのニュージーランドの学校教育制度について簡潔に述べたい（伊井、2021：117-119）。まず、ニュージーランドの就学前教育は幼稚園・保育園に加え、プレイセンター・プレイグループなどが設置されている。そして、5歳の誕生日から19歳の誕生日後の1月1日まで教育を無償で受けることが保証されている。その無償教育の期間と義務教育期間は一致していない。義務教育は6歳から16歳までの11年間であるが、それ以前の5歳の誕生日の翌日から0年生として入学が可能である。そのため、初等学校には入学式はない。生年月日にかかわらず順次入学するのは、同一の日の入学式の開催よりも、個々人の多様な出生状況に配慮した公正な制度ともいえる。

　義務教育段階の初等・中等学校は、その大部分が公立（state）学校である。初等教育は8年生までであり、8年制の初等学校（Full Primary School）、もしくは6年制の初等学校（Contributing Primary School）と2年制の中間学校（Intermediate School）に通学する場合がある。8年制の初等学校は主として、都市部以外の地域にみられる。本章で主題となる中等教育は5年間で、9年生から13年生である。

　義務教育を修了した学習者（school leaver）が17歳以上まで学校教育に残る

割合は2021年の段階で81.4%である。これは17歳までの学校残留率（以下、残留率と略）が最も高かった2015年の85.0%と比較すると3.6ポイント低下している。詳細は後述するが、11年生からは後期中等教育修了資格をレベル1から順次取得することが目標とされる。当然ながら、その難易度も上がるため、残留率は低下し、レベル3の取得率は2021年の段階で55.8%に留まっている。この取得率は、この10年間で上昇しているが、2020年と比べると低下している。近年の残留率・取得率の低下傾向の原因の一つとしてコロナ禍の影響が考えられる。2020年は後期中等教育修了資格の校外統一試験以前に、コロナ感染拡大により自宅学習期間が設定された地域もある。それに対応しながら、教育省やニュージーランド資格認定局（New Zealand Qualifications Authority：NZQA）が決断し、校外試験の2週間延期やNCEAおよび大学入学資格に必要な単位数の特別付与などが実施された。特に学習認定単位（Learning Recognition Credit）の特別付与は2020～21年と実施され、困難な時期における生徒のストレス軽減と、コロナ禍前と比べ不利にならないという自信を生徒にもたらし、生徒が学習や評価に積極的に取り組むきっかけを与えたと報告されている（Ministry of Education, 2021及び高橋、2022：4）。

　生徒の属性によっても残留率は異なる（Ministry of Education, 2021）。まず性別である。17歳まで学校に残留している女子生徒は84.4%であり、男子生徒は78.5%と約6ポイントの差がある。また、アジア系の生徒は94.8%が、続いて太平洋島嶼系の生徒は82.6%が、パケハ（ヨーロッパ）系生徒は82.1%が残留しており、アジア系生徒の残留率の高さが際立っている。一方で、マオリ系の生徒の残留率は67.7%でエスニシティにおいて教育成果の格差があることが確認できる。

　次に高等教育機関をみると、その多くが国立であり、総合大学は全国に8校設置されている。大学の他に、ポリテクニックと呼ばれる教育機関もある。そこでは、大学よりも実践的技術と知識の習得を目的とし、数ヶ月の資格取得コースから、より大学のカリキュラムに近い3年間の学士課程を通した教育を提供している。また、学校という場所以外で義務教育期間においても、ホームスクーリングで学校教育を修了する生徒も一定程度（0.9%）いる。コロナ禍の2020年から21年にかけては557人が増加している。ホームスクーリングを行ってい

る生徒のうち、64.1%がヨーロッパ系、17.8%がマオリ系、太平洋島嶼系・アジア系がそれぞれ3.1%となっている（Education Counts, 2021）。

　さらに、ワイタンギ条約にもとづき、学校教育においても、マオリの言語や文化を維持発展させる取り組みが求められている。そのため、マオリ語を教授言語とした学校があることも、ニュージーランドの学校制度の特色の一つである。就学前教育機関のコハンガ・レオ（Kohanga Reo）、そして、全国で73校設置されている初等中等学校としてのクラ・カウパパ・マオリ（Kura Kaupapa Maori）、高等教育のワナンガ（Wananga）は3校認定されている。つまり、マオリ系の生徒たちは自らが望むのであれば就学前教育から高等教育までマオリ語で学校教育を修了する教育機会をもっていることとなる。これらの学校の他にも、授業の半数以上の教授言語にマオリ語を使ったイマージョン教育を実施している学校には、2.6%の生徒が学んでおり、この大部分がマオリ系の生徒となっている。

　学校への残留率の観点からマオリ語を教授言語とした学校をみると、2021年には71.6%のマオリ系生徒が17歳以上も学校に残っている。これは前年度よりも5.5ポイント減少しているが、先述の学校全体でのマオリ系生徒の残留率と比較すると約4ポイント高い数値となる（Ministry of Education, 2021）。

　以上のように、属性によって、学校における教育成果が異なることがわかる。加えて、特にマオリ系の生徒は、他の属性の生徒と比べ、教育成果が低いが、文化的親和性の高い学校に就学した場合は、その状況が一定程度、改善されていることがわかる。

2．後期中等教育修了資格について

（1）　NCEAの概略

　中等学校の11・13年生は「全国教育修了資格（National Certificate of Educational Achievement：NCEA）」の対象学年となる。NCEAはNZQAによって管理・運営されており、ニュージーランドの後期中等教育の生徒が取得する最も主要な修了資格であるが、この他にも、国際バカロレアやケンブリッジ国際教

育資格、ニュージーランドシュタイナー教育（レベル3）などに対応したカリキュラムを実施している学校もある。NCEAは2002年〜2004年の間に導入され、現在、大幅な改革の途上にある。

それ以前は、最も古いものでは1934年から学校資格（School Certificate）が導入されていたが、これは校外の統一試験のみであった。また、1969年からは第6学年証書（Six Form Certificate）が導入された。これは学校資格の合格率が約50%にとどまり、大学進学を希望しない生徒たちに校内評価重視の第6学年証書の導入が求められたことも導入の背景としてあげられる（奥田、2020：2）。さらに、大学進学を希望する者には大学入試（University Entrance）や大学奨学金試験（University Bursary）などが導入されてきた。しかしながら、それまでの試験は集団基準準拠テストであったが、NCEAからは目標基準準拠テストへの移行がなされることとなる（中村、2009：64）。

学年進行に応じて、11年生はNCEAのレベル1（基本的な知識とスキル）、12年生はレベル2（就職や継続教育に進むための資格）、13年生はレベル3（学位レベルの学習を含む幅広い雇用や進路のための資格）の取得が望ましいとされている。高等教育機関（大学やポリテクニク）に進学するには、原則としてNCEAのレベル3の取得が前提条件となる。それぞれの達成率（2018年・2009年（カッコ内））をそれぞれの学年と関連づけて比較すると、レベル1が92.3%（86.7%）、レベル2が89.0%（80.5%）、レベル3が66.1%（51.2%）である。各レベルとも最近10年で達成率が高まっていること、そして、上級レベルほど達成率が低くなり、特にレベル3の達成率は20ポイント以上、レベル2と比べても低い（NZQA, 2019）。

(2) NCEAとナショナル・カリキュラムの関係性

NCEAは、ナショナル・カリキュラムとは呼応関係にある。ナショナル・カリキュラムには、英語を教授言語とした学校で使用される「ニュージーランド・カリキュラム」（2007年実施）、そして、マオリ語を教授言語とする学校（クラ）で使用される「TE MARAUTANGA O AOTEAROA」（2008年実施）がある。後者は単にニュージーランド・カリキュラムをマオリ語に翻訳したものではなく、マオリの視点を組み入れたカリキュラムであることが特色となる。いずれにし

ても、2002～2004年の間に実施されたNCEAとは数年、遅れて導入されたことになる。

　NCEAの学習プログラムは、ナショナル・カリキュラムで示される学習分野として対応したり、異なる複数の学習分野を横断的に組み合わせることも可能である。そのため、教員はナショナル・カリキュラムとNCEAの関連性の両者にもとづいた学習プログラムを作成する必要がある。NCEAもナショナル・カリキュラムも柔軟性をもち合わせている一方で、生徒によっては、今後の人生に必要な知識や態度、能力を得るための、一貫した進路を経験できない可能性があることが課題といえる（Ministry of education, 2018）。

(3)　NCEAの構造

　NCEAは、各コースの単位を積み上げ形式で取得可能な包括パッケージとしての資格である。NCEAはスタンダード（基準）とクレジット（単位）から構成されており、それらはお互いに連携している。スタンダードには学習者が知っておくべきこと、達成しなければならないことが記載されており、その基準を満たせばクレジットを取得することができる。

　一つのコースはいくつかのスタンダードに分割されており、各スタンダードには単位が設定されている（表1）。スタンダードの内容によりその付与される単位数は異なる。これらの単位は一つの教育機関で取得する必要はなく、複数の教育機関で取得しても資格として積み上げることができる。評価が確定すると、取得済みの単位数を知ることができるが、評価は例えば、「○○コース・レベル3合格」という情報だけではなく、それぞれのスタンダードに「N」「A」「M」「E」のいずれかの文字が表記される。これらは評価を意味しており、NはNot Achieved（未達成）、AはAchieved（達成）、MはMerit（良）、EはExcellence（優秀）である。それぞれの達成内容が記載されているスタンダードにこれらの評価が書かれることで、単にその科目の単位が取得できたということだけではなく、その科目の中でもどの分野が得意なのかが表示されることとなる。これは、「資格の裏書（endorsement）」と呼ばれている。特定の科目で14単位を「優秀」の成績で取得した場合は、その科目自体を優秀な成績で修了したという認定が付与されることとなる。また、良もしくは優秀の単位を50単位

取得すれば、NCEA資格自体に良もしくは優秀の評価がなされることになる。ただし、これらの評価の細分化は評価の内実を知ることができるという肯定的な側面とともに、教員の業務量を増やし、学習者にとっても常に評価対象となることへの心理的ストレスが生じやすいとの課題も示されている（NZCER, 2016）。

(4) NCEAの評価構造

NCEA資格要件となる科目を履修・修了するためには、校内評価と校外評価によってそれぞれの生徒が各科目のスタンダードの達成度に関する評価を経なければならない（表1）。校内評価は、スピーチ能力や探究・調査能力などを日々の教育活動を通して学校の担当教員が評価する。校外評価は毎年11～12月にかけて実施されている（伊井、2021：124-126）。通常は指定された試験会場で受験するが、近年では、オンラインでコンピュータを通して受験できる試験も実施されている。また、ビジュアルアーツなど、ペーパーテストによる試験評価に適さない科目は、生徒自身の作品集などポートフォリオの提出を通して、校外評価がなされる。通常1月中旬には結果が公表される。例えば、「持続可能性への教育」（レベル3）であれば五つのスタンダードで構成されており、そのうち、三つは校内評価、二つは校外評価となっている。校内評価は、日常的な教育活動内においての行動や計画の立案、評価などが含まれていることが表1のスタンダードタイトルからもわかる。また、校外評価は政策分析や世界観・価値観などの影響の分析など、論述式の統一試験でも比較的採点基準を設

表1　持続可能性への教育（Education for Sustainability）：レベル 3

タイトル	単位数	評価形態
持続可能な未来に貢献する個人的な行動を評価する	6	校内
政策が持続可能な未来に及ぼす影響を分析する	5	校外
持続可能な未来に貢献する組織の戦略を立案する	5	校内
生物物理学的な環境を維持・改善するための手段を評価する	4	校内
世界観の違いや、それに伴う価値観や慣習が持続可能性に及ぼす影響を分析する	4	校外

定しやすいスタンダードとなっている。

　図1は、NCEAの成績表のサンプルの一部であるが、上段にはNCEAの全体的な習得レベル、それ以下、各科目の習得状況がレベルごとに記載されているのがわかる。結果（result）の欄には、A（達成（Achieved））、M（良（merit））、E（優秀（Excellence））に区分されて、その到達度合いが書かれている。

　レベル1〜3に分けられたNCEAは、それぞれのレベルに合わせた科目内の所定の単位数を履修することにより、資格を取得することができる。これらは、11年生から13年生まで3年間で取得することが期待されている。そして、それぞれの科目もNCEAの各レベルに合わせて、レベル1〜3の3段階で構成されている。なお、単位数は科目の単元に相当する学習内容を着実に修得することにより、積み重ねていくことができる。

　例えば、NCEAのレベル3は図2の下部のとおり、合計で80単位が必要であり、科目レベル2以上が20単位、科目レベル3以上が60単位必要となる。さ

図1　NCEAの成績表サンプル

（出典：NZQAウェブサイト：https://www.nzqa.govt.nz/）（2020年12月20日閲覧）

図2　大学出願要件（NCEA）

```
┌─────────────────────────────────────────┐
│  ┌───────────────────────────────────┐  │
│  │      リテラシー（レベル 2 以上）       │  │
│  │             10 単位                 │  │
│  │ （リーディング 5 単位＋ライティング 5 単位）│  │
│  └───────────────────────────────────┘  │
│  ┌───────────────────────────────────┐  │
│  │     ニューメラシー（レベル 1 以上）     │  │
│  │             10 単位                 │  │
│  └───────────────────────────────────┘  │
│  ┌───────────────────────────────────┐  │
│  │    3 科目（レベル 3 以上）各 14 単位    │  │
│  └───────────────────────────────────┘  │
│       NCEA のレベル 3 以上（80 単位）        │
│       科目レベル 3 以上を 60 単位以上         │
│       科目レベル 2 以上を 20 単位以上         │
└─────────────────────────────────────────┘
```

らに、大学入学要件となると、より厳格な条件が設定されている。そこには、リテラシー・ニューメラシーの科目に加え、大学が求める科目のレベル 3 以上をそれぞれ14単位が必要となる。

（5）　高等教育機関への接続

　大学入学の際に認められている科目数は、2021年の段階で62科目が設定されている。この中には、マオリ関連の科目や日本語や韓国語などの言語も含まれている。それぞれの科目の中にも、大学入学に対応したスタンダードが示されている。かつては、奨学金用のテストも実施されていたが、現在はNCEAの成績がそれを兼ねている。レベル 3 、科目14単位以上を取得した学習者の中から 3 ％程度の成績優秀者には、奨学金（ニュージーランドスカラーシップ）が授与されることとなる。最優秀賞（Premier Awards）、優秀賞（Outstanding Scholar Awards）など、5 種類の奨学金が設定されており、2021年には最優秀賞は12名、優秀賞は53名が受賞している。最優秀賞は最低 3 科目、優秀賞は 2 科目で「最優秀（outstanding）」レベルに達していることが条件となる。最優秀賞の受賞者は、大学で 3 年間にわたり毎年、10,000ドルが支給されるが、この間、最低でも大学で「B」評価を継続しなければならない。また、科目ごとの優秀者にも奨学金が授与されている。奨学金を得ている割合は科目ごとに異なり、最も

割合が低い「ダンス」は履修者の0.94%、最も割合が高い科目はラテン語の9.52%となる（NZQA, 2021）。

　既述のとおり、2018年のレベル3への達成率は全就学者の66.1%であるが、さらに大学出願要件を満たしている生徒の割合は、49.0%と約16ポイント下がる。さらに、これをエスニシティ別にみるとマオリの生徒の達成率は29.2%、太平洋諸島系の生徒が28.7%であるが、ヨーロッパ系が54.9%、そしてアジア系が最も高く60.6%とその差が明確となっている（NZQA, 2019）。

　図2の条件をクリアした後に、大学に出願すると、それらをポイントとして換算して、合否が決定する。レベル3の科目の単位を習得した上で、その成績により、ヴィクトリア大学の例（表2）のとおり、優秀・良・達成の3段階で評価され、優秀な成績、例えば「秀」は「良」の2倍に換算されることとなる。この得点換算をもとに、各大学は何点以上が入学許可ラインであることを公表することとなる。そのため、多くの大学の多くの学部にとっては、競争試験ではなく、個人の達成度を重視した入試判定である。

表2　NCEAのスコア換算例

承認科目	秀の単位数	優の単位数	良の単位数
英語	8	4	6
歴史	–	6	10
統計	4	4	16
地理	–	10	10
フランス語	–	–	24
小計	12	24	66
80単位への選択単位数	12	24	44
ポイント換算	48pts	72pts	88pts
	(12×4)	(24×3)	(44×2)
合計			208pts

（出典：ヴィクトリア大学ウェブサイトをもとに筆者作成：https://www.wgtn.ac.nz/ ）
（2019年12月30日閲覧）

(6)　NCEAの課題と改革案

2019年、NCEAの改革案が示された（Ministry of Education, 2019）。改革案では、7点の方向性が示されている（表3）。これらの改革項目は、学校現場で顕在化した課題の解決や経済界からの意向が反映されている（中村、2021：18）。それ以降、段階的に改革が実施されるはずであったが、2020年からのコロナ禍の影響でその進展が遅れている。

　以下、改革の方向性を3点に絞り考察したい。

　第一に、対象となる学習者範囲の拡大の視点である。これは物理的・教育的・心理的に関わる視点といえる。つまり、手数料廃止などを通して、より幅広い社会経済的状況の学習者にもNCEAへのアクセスが可能となる。これは、2019年の改革案には記載されていなかったが、オンラインでの校外試験の導入など

表3　NCEA 改革の方向性（2019 年）

改革項目	改革内容
① NCEA へのアクセスの向上	手数料の廃止、特別なニーズをもつ生徒への評価デザイン、インクルーシブな実践形態
②マオリの知識（mātauranga Māori）の強化	マオリの知識を NCEA において平等に評価、教員の能力開発
③基礎学力（リテラシー・ニューメラシー）の強化	学外評価としてのリテラシー・ニューメラシーを NCEA の前提条件として設定
④縮小と拡大	コースや評価内容の再構築、ナショナル・カリキュラムとの統合促進、職業教育との一貫性の強化
⑤ NCEA の簡略化	下位レベルから上位レベルのクレジットの繰り越しの廃止、各レベルの取得単位数の明確化
⑥継続教育と雇用へのつながりの明確化	卒業までのプロファイルを開発、高レベルの職業教育への入学手段の構築、達成記録の総合かつ明確化
⑦選択肢としての NCEA レベル 1 の維持	職業経験や課外活動など幅広い内容を資格化するための模索

（出典：Ministry of Education(2019) をもとに筆者作成）

現在、実施・検討中の制度が実現すると一層、その範囲は拡大すると考えられる。加えて、マオリや障害をもつなど多様なニーズを有する学習者にとって心理的距離感が近くなる教育内容なども同様に、範囲拡大には貢献するであろう。

第二に、学力の明示性の視点である。これは第一の視点とも関連する。つまり、学習者の範囲が拡大し、多様化すると、NCEAで要求される学力も多様になり、尺度が明確に設定されている分野においては格差も拡がることを意味する。ここでいう格差とは、科目内での学力差に加えて、科目がもつ位置づけの格差にもつながることが想定される。つまり、大学入試に係る科目と、入試に関連しない科目の格差である。その点において、特に基礎学力の強化がNCEAの前提条件となることは、NCEAの質保証に寄与する。しかしながら、この前提条件にも到達しない学力層への中等教育学校の対応は必須となるであろう。

第三に、多様な進路への対応の視点である。これは第一・第二の視点とも密接に関連する。多様な学習者をNCEAが惹きつけるということは、大学進学のみを対象とせず、多様な進路も想定した上でのNCEAの制度設計が一段と必要になることを意味する。そのため、職業教育や継続教育により親和性の高い教育活動を資格化する方向性は必然であるといえる。その一方で、そのような制度設計を実施するためには、専門的な教員の雇用および育成とは切り離せない面もあり、また、教員の「負荷」にも配慮する必要があろう。

おわりに

ここでは、後期中等教育と大学との接続の観点から、NCEAに関する考察を振り返る。

第一に、これまでの後期中等教育修了資格の観点から、それ以降のキャリアへの実質的な接続を意識していることが特色である。「資格の裏書」に関しても、それを雇用主や進学先の大学がどの程度活用しているかは本章では扱えなかったが、実質的な「学力」を知る上では有効といえよう。

第二に、評価が細分化されることは、生徒・教員への負担（感）も増加することは報告書が示すとおりである。教育の効果のエビデンスを収集することと、

その負担のバランスをNCEAは今後も検討し続けなくてはならない。

　第三に、NCEA履修者の多様化への対応である。特に教員にとって、多様な生徒が履修することは、学習プログラムの柔軟性だけなく、一層の評価の細分化への対応が必須となる。他の諸国と同様に、教員不足に直面しているニュージーランドでも、教員の業務量に関して今後も検討を重ねなくてはなるまい。

　最後に、日本とニュージーランドの大学接続を比較検討することは困難であるが、後期中等教育段階での学びの内実を学習者の進学を含む、その後のキャリアに実質的に接続しようとする試みは、数年前にeポートフォリオ形式を大学入試の評価基準に含めることを検討し、その多角的な入学判断基準を設定しようとしていた日本でも一考に値するのではないだろうか。

〈参考文献〉

- 伊井義人「ニュージーランド：多様性と公正さを大切にする教育」『アジア教育情報シリーズ 1 巻 東アジア・大洋州編』（大塚豊監修・日暮トモ子編著）、一藝社、2021年。
- 奥田久春「ニュージーランドにおける後期中等教育試験と校内評価に関する研究」『三重大学教養教育院研究紀要』（第 5 号）2020年。
- 高橋望「ニュージーランドにおける COVID-19対応と学校教育」『専修人間科学論集：社会学篇』（Vol12, No,2）、2022年。
- 中村浩子「後期中等教育資格制度における包摂性：ニュージーランド NCEA 制度の改革」『国際研究論叢』（34巻 2 号）2021年。
- 中村浩子「後期中等教育段階の統一資格制度改革をめぐるポリティクス：ニュージーランドの NCEA（National Certificate of Educational Achievement）を事例に」『国際研究論叢』（23巻 1 号）、2009年。
- Education Counts, Homeschooling（https://www.educationcounts.govt.nz/home）（2022年 9 月15日閲覧）.
- Hipkins, R. et al., *NCEA in Context*, NZCER press, 2016.
- Ministry of Education（New Zealand）, *Education Indicator（Education and Learning Outcomes）: Retention of students in senior secondary schools*, 2021.
- Ministry of Education（New Zealand）, *NCEA Change Package 2019 Overview*, 2019.
- Ministry of Education（New Zealand）, *The relationship between the National Curriculum and NCEA*, 2018.
- New Zealand Council for Educational Research, *Secondary Schools in 2015（Findings from the NZCER national survey*, 2016.
- NZQA, Secondary School Statistics 2019（https://www.nzqa.govt.nz/）（2023年 1 月20日閲覧）.
- NZQA, *Overall New Zealand Scholarship results 2021*（https://www.nzqa.govt.nz/）（2022年 9 月15日閲覧）.

（伊井　義人）

第4章

ニュージーランドの後期中等教育における公正性
—社会経済的に不利な生徒の支援と課題—

第4章

ニュージーランドの後期中等教育における公正性
—社会経済的に不利な生徒の支援と課題—

〈本章を読む前に〉

　ニュージーランドは安全に旅行できる英語圏の国、人間よりも羊の力が多い国、有名な映画作品の撮影地として一般的に知られている。その社会はどうか。依然としてイギリスを中心としたヨーロッパ系住民が人口の大部分を占めており、先住民のマオリがいるという素朴なイメージをもっているとしたら、それはアップデートが必要である。たしかにエスニシティではヨーロッパ系がマジョリティであることには変わりがないが、第二次世界大戦後の移民受け入れに始まり、特に過去30年間で急速に社会は変容してきた。すなわちマオリの人口が増加し、南太平洋を中心とした島嶼国にルーツをもつ人びと、中国やインドなどのアジア系が人口に占める割合を拡大し、今やそれらのエスニシティでおよそ4割を占めるまでにいたっている。さらに国連と協力して紛争地域からの難民も受け入れている。ニュージーランドは今も昔も移民の多い国であるが、多様な背景をもつ人びとによって構成される多文化国家としての道を確実に歩んできた。

　多文化社会における社会経済的な格差と教育の問題では、先住民や移民、難民出身者といったマイノリティに注目が集まりがちである。本章はニュージーランド社会における問題の所在は一体どこにあり、また社会経済的に不利な生徒に対して公正性を確保するためにどのような支援がなされてきたかをデータによりながら提示を試みる。

はじめに

　OECD（経済協力開発機構）が2000年から開始したPISA（生徒の学習到達度調査）にニュージーランドは当初より参加している。その結果は2007年の「ニュージーランド・カリキュラム（New Zealand Curriculum）」改訂や2010年の「ナショナル・スタンダード（National Standards）」導入など、生徒の学習到達度を向上させるための教育政策に反映されてきた。

　PISAの結果は、社会経済文化的格差を縮減して社会的公正の実現を目指すことと、生徒の学習達成度の間に有意な相関があることを示している。本章では、社会経済的に不利な生徒の学習到達度を向上させるために、ニュージーランドが後期中等教育においていかなる取り組みによって公正性の確保につとめてきたかをまとめ、批判的に検討を加える。そのために、まずPISAの結果を参照しながら学習到達度の現状を把握する。次にニュージーランドの歴史と社会の変遷を概観し、同国では社会経済的な格差がどのように問題とされ、それらが後期中等教育やその先の高等教育への進学にどのように影響してきたかを明らかにする。その上でこれまで政府や学校が、制度あるいは実践の位相において取り組んできた、社会経済的に不利な生徒に対する支援を確認し、公正性の観点からニュージーランドにおける課題を考察する。

1. PISAからみる学校教育の成果

(1) PISAにおけるニュージーランドの経年変化

　OECDは2000年以降、3年ごとにPISAを実施しており、ニュージーランドは最新の2018年調査に至るまで、「読解力」「数学的リテラシー」「科学的リテラシー」のいずれにおいても、常にOECD加盟国の平均得点を上回る結果を残してきた。表1～3は、ニュージーランドに関する各分野の平均得点を経年変

化で示したものである。いずれの分野も調査当初の高水準から低下傾向にあり、徐々にOECD平均に近づいている。しかし、PISAが各分野を定性的な基準をもとに絶対的な評価を行う調査ではないことから、点数の高低を論じることはあまり意味をなさない。

表1　ニュージーランドにおける読解力の平均点の経年変化

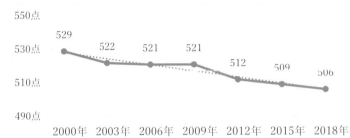

表2　ニュージーランドにおける数学的リテラシーの平均点の経年変化

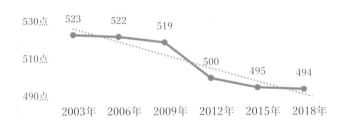

表3　ニュージーランドにおける科学的リテラシーの平均点の経年変化

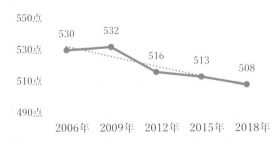

（出典：https://www.oecd.org/pisa/publications/PISA2018_CN_NZL.pdf にもとづき筆者作成）（2023年1月20日閲覧）

それよりも重要なことは、各分野における得点ごとに分けられた習熟度レベル（proficiency level）[1]の分布である。PISA は、生徒が実際の生活の中で各分野の知識や能力を活用できる習熟度としてレベル 2 を位置づけており、その達成度に注目している。2018年調査では読解力に関して81.0%の生徒がレベル 2 以上を達成した（OECD 平均：77.4%）。ところが、裏を返すとこの結果は 19.0%の生徒が読解力の習熟度レベル 1 a 以下の低得点層ということになる。表 4 が示すように、この層は有意に増加しており、同様の傾向は OECD 平均においてもみられる。

表 4　ニュージーランドにおける習熟度レベル 1 以下の割合の経年変化

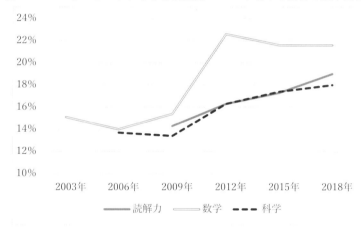

（出典：国立教育政策研究所（2019）にもとづき筆者作成）

　数学と科学の結果にも目を向けておきたい。表 1 と表 2・表 3 を比較すると、ニュージーランドの数学的リテラシーと科学的リテラシーは読解力よりも下落の度合いが高い[2]。それはどちらの分野でも高得点層（レベル 5 以上）から低得点層（レベル 1 以下）までの生徒全体で同程度にパフォーマンスが低下していることが影響している。実際に2012年調査において、数学的リテラシーは全分野、全調査を通じて唯一統計的に有意なレベルで OECD 平均を上回ることができなかった。2018年調査の数学的リテラシーでは、78.2%の生徒が数学の習熟度レベル 2 以上を達成した（OECD 平均：76.0%）が、21.8%の生徒がレ

ベル1以下であった。

　科学的リテラシーでは、82.0%の生徒がレベル2以上を達成した（OECD平均：78.0%）が、18.0%の生徒がレベル1以下であった。

(2) 「生徒の社会経済文化的背景」指標とニュージーランド

　PISAは各分野の学習到達度のデータ収集だけでなく、保護者や家庭に関する質問の回答結果を用いて「生徒の社会経済文化的背景（Economic, Social, and Cultural Status）」指標を作成している。この指標をもとにして生徒はそれぞれの国の中で4群（指標値の低い方から最下位25%、中下位25%、中上位25%、最上位25%）に分けられ、家庭の社会経済文化的背景が学習成績に与える影響が調査されている。ニュージーランドでは、指標値で四つに分けた読解力の平均得点は、指標値の大きい生徒群の得点がつねに小さい生徒群の得点を上回り、最上位群と最下位群には96点の差（OECD平均：89点）がみられる（表5）。この差が2009年調査において104点であったことと比べると、8点分縮まっている。

　このように、ニュージーランドは読解力の平均得点は高いが、生徒の家庭の社会経済文化的水準と読解力の関連の強さがみられる。PISAで優秀な成績を収める可能性は、社会経済的に有利な生徒の方が不利な生徒よりも高く、ニュージーランドでは社会経済的に優位な生徒の25%（OECD平均：17%）が習熟度レベル5以上の成績を収め、これに対し不利な生徒では5%（OECD平均：3%）であった。

　しかし、指標で最下位25%の生徒であっても国内の成績上位に入ることはありうる。2018年調査では、社会経済文化的背景の不利な生徒の約12%（OECD平均：約11%）が読解力の上位4分の1に入っており、PISAは「不利が運命でないことを示している」としている。またニュージーランドの数学的リテラシー、科学的リテラシーにおいても読解力と同様に、生徒の家庭の社会経済文化的水準が高いほど得点が高くなる傾向を示唆する結果となっている。

　PISAは移民の背景（immigrant background）をもつ生徒の学習到達度も測定している。これらの生徒は移民先の異なる学校制度において新しい言語で学びながら適応し、出身国と移民先の国との間でアイデンティティを確立していか

表5 「生徒の社会経済文化的背景」指標とニュージーランドの読解力

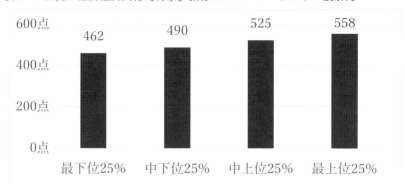

（出典：May with Jang-Jones and McGregor（2019）にもとづき筆者作成）

なければならない。そのため、PISAは移民生徒とそれ以外の生徒の得点に差が生じることを想定している。

ニュージーランドでは、2018年調査で生徒の約26%が移民の背景をもっており、そのうち約4人に1人が社会経済的に不利な立場にあったにもかかわらず、移民生徒とそれ以外の生徒の間で読解力に関して統計的に有意な差はみられなかった。さらに、移民生徒の約26%は、読解力において上位4分の1の成績を収めていた[3]。この結果は、ニュージーランドの社会政策・教育政策が功を奏し、移民生徒であっても不利の重なりを克服してすぐれた学習成果を出すことは可能であるという、以前よりPISAが表明してきた考察を反映したものだろうか。それとも別の要因が考えられるのだろうか。

本節ではニュージーランドのPISAが下落傾向にあるとはいえ、移民生徒も含めて社会経済的な格差のある中でも各分野で比較的高い学習成績を保っていることを示した。この結果がニュージーランドにとっていかなる意味をもつかを検討するべく、次節では同国の歴史を概観し、社会の変遷および社会経済的な格差の所在を明らかにする。

2. 多文化国家ニュージーランドにおける 社会経済的格差

(1) 多文化国家ニュージーランド

　近代国家としてのニュージーランドは、19世紀に先住民マオリの土地にイギリスからの移民が流入する中で形成され、20世紀後半までは制度的にも文化的にもイギリスの影響を受けてきた。その過程でマオリは1840年にイギリスとの間でワイタンギ条約（Treaty of Waitangi）を結び、法的にイギリス臣民と同等の権利が保障されることになった。それにもとづき国内では二文化主義（bi-culturalism）が共有されてきたが、表6が示すように、2018年のセンサスにおいてパケハ（Pākehā）とも呼ばれるヨーロッパ系が依然として最大のエスニックグループであり、政策決定における優位を保ってきた。ここでは20世紀以降のニュージーランドがいかにして世界各地からの移民あるいは難民を受け入れ、多文化国家への道を歩んできたかを確認する。

　ニュージーランドは第二次世界大戦中よりヨーロッパからの難民を受け入れ

表6　ニュージーランドにおけるエスニシティ別人口の推移[4]

エスニシティ	2006 Census	2013 Census	2018 Census
ヨーロッパ系	2,609,589	2,969,391	3,297,864
マオリ	565,329	598,602	775,836
パシフィカ（太平洋島嶼国）	265,974	295,941	381,642
アジア系	354,552	471,708	707,598
中東・ラテンアメリカ・アフリカ系	34,746	46,953	70,332
その他	430,881	67,752	58,053

（出典：Census（2018）にもとづき筆者作成）

ていたが、基本的には非ヨーロッパ文化圏からの移民を制限する国であった。転機が訪れたのは1950年代後半のことである。経済成長にともない国内の労働力が不足したことから、ニュージーランドと歴史的に関係の深い太平洋島嶼国（サモア、クック諸島、ニウエ、トケラウ）から非熟練労働者の受け入れを開始し、それがパシフィカの定住につながった。

　1970年代には、旧宗主国として経済的にも結びつきの強かったイギリスのEC加盟（1973年）によって主要な輸出相手国を失い、さらに2度の石油危機（1973年、1979年）に直面したニュージーランドは深刻な財政難に陥った。そこで、政府は幅広い分野での市場原理の導入、規制緩和、民営化を進める改革に着手し、従来の福祉国家的な大きな政府から小さな政府へと構造転換を図った。1987年に制定された「移民法（Immigration Act 1987）」は、一連の改革の延長線上に位置しており、移民の選好を排してアジア系移民の制限を緩和し、ビジネスを目的とした移民に門戸を開くものであった。

　以後、間口の広がったニュージーランドには（ヨーロッパ、オーストラリア、北米からの移民数はあまり変化しなかったが）、太平洋島嶼国や東アジア、東南アジア各国からの移民が急増した。人口は2018年のセンサスにおいて約470万人であったが、ニュージーランド統計局が発表した2022年9月の推計値では約512万人となっており、2020年から続く新型コロナウイルス感染症の流行にともなう国境の閉鎖があったにもかかわらず、急速な人口増加が続いている（Stats NZ, 2022）。こうした傾向において、移民の出身地はより多様になってきている。

　この他、ニュージーランドは難民の第三国受入国であり、国連高等難民弁務官事務所との取り決めで毎年750名の難民を受け入れている。移民や難民出身者（former refugee）は就職口を求めて大都市に集中することが多いが、2018年のセンサスでは、全国の人口に占める外国生まれの住民の割合は約27.1%（1,271,775人）となっており、多文化社会化が進んでいることがわかる（Stats NZ, 2020）。

(2)　社会経済的な格差とエスニシティ

　歴史的に多様な背景をもつ人びとによって形づくられてきたニュージーラン

ド社会であるが、そこには社会経済的な格差が存在し、学校教育における学習
到達度にも影響を与えている。社会経済的な格差に関しては、比較的エスニシ
ティに焦点を当てた議論が多く、特にマオリやパシフィカの問題が取り上げら
れてきた（Strathdee, 2013, Berryman, Egan & Ford, 2014）。

　一方、表6からわかるように、アジア系は急激な人口増加によって全体の
15.1%を占めてマオリ（16.5%）に次ぐ大きなエスニシティを形成している[4]。
前節でもふれたように、移民はホスト社会へ適応する上で不利が重なりやすい。
しかし、ニュージーランドでは彼ら（難民出身者を除く）が社会経済的な不利
に関して議論となることは少ない。

　ニュージーランドは1991年の移民法（Immigration Amendment Act）改正によっ
て技能をもった移民を受け入れるためのポイント制を導入し、2002年には移
民の英語力をIELTS 5.0から6.5まで引き上げ、比較的統合の容易な移民の選抜
システムを構築してきた。PISAは2003年調査と2012年調査において、「移民の
生徒の中で学歴の低い母親をもつ生徒」[5]の割合を比較しており、ニュージー
ランドでは学歴の低い母親をもつ生徒の割合が半減している（OECD, 2015）。
ポイント制によってPISA開始当初から学歴の低い移民が抑制されてきたが、
英語力の基準を大幅に引き上げたことがこの傾向に拍車をかけたといえる。し
たがって、移民に対する高い障壁が社会経済的に不利な移民の受け入れを阻ん
だ結果、ニュージーランドではアジア系移民の社会経済的な不利が目立たず、
社会において注目されてこなかったと考えられる。

　マオリの社会経済的な不利に着目すると、1960年に政府に提出された「ハ
ン報告（the Hunn report）」はマオリの生活に影響を与える社会改革について提
言を行っている。この報告書は、住宅や教育、土地所有、犯罪率、人口予測な
どマオリの生活を把握する上で、初めて統計的なエビデンスにもとづいて作成
された。しかし「ハン報告」以降も、マオリの学習上の障壁に焦点を当てた教
育では、文化的な差異が彼らの欠点を生み出すとみなされ、マオリとマオリ以
外の社会経済的格差の説明に用いられてきた。マオリはニュージーランド社会
において一貫して不利な立場に置かれ、ワイタンギ条約が保証したような対等
な存在として扱われてこなかった。そのため、2010年代の時点でもマオリの
社会経済的な格差はほとんど変わっていない（Berryman, Egan & Ford, 2014：

3 - 4 , 7 ）。

　パシフィカはヨーロッパ系以外の移民としては、比較的早い時期から労働力としてニュージーランドに渡ってきた人びとであり、1980年代後半以降は家族の呼び寄せや養子縁組の形で移民が増加した（Bedford, Ho and Lidgard, 2001：599）。2018年のセンサスをもとにパシフィカ（381,642人）のエスニシティ上位を概観すると、最も多いのはサモア系（182,721人）で、トンガ系（82,389人）、クック諸島マオリ（80,532人）と続く。サモア系とトンガ系の人口は、国家としてのサモアやトンガの人口に匹敵し、クック諸島マオリについてはクック諸島の４倍以上の人がニュージーランドで生活しており、彼らの送金は出身国の経済を支える重要な柱となっている。このうち、サモア系では70％近くがニュージーランド生まれであることから、パシフィカが新規の移民だけでなく、移民２世、３世と世代を重ねていることがうかがえる。

　しかし、2018年のセンサスにおいても、パシフィカはマオリと同様に年収の中央値（ともに24,300 NZ ドル）はヨーロッパ系（34,500 NZ ドル）より10,200NZ ドル（約78万円）低い[6]。さらに失業率ではパシフィカ全体で7.1％にのぼり、マオリの失業率8.1％とともに全国の失業率4.0％を上回り、ヨーロッパ系の3.2％と比較すると２倍以上の開きがある。このようなマオリ、パシフィカに共通している社会経済的な指標の低さは、中等教育段階の生徒の学習達成度にいかなる影響を及ぼしているだろうか。

3．マオリとパシフィカの低い学習達成度

　ニュージーランドが後期中等教育段階において全国資格認定試験であるNCEA（National Certificate of Educational Achievement）を実施して各科目の学習到達度を測っていることや、これが進学や就職における資格として機能していることは前章でふれた。同国は後期中等教育段階の目標として、NCEAレベル２以上の取得を掲げている[7]。NCEAレベル２とレベル３の取得者の間に大きな収入の差はみられないが、レベル１まで取得した人たちはレベル２まで取得した人よりも収入が15％少なく、NCEAを取得していない人たちは51％少な

いことが調査によって明らかとなっているからである（Education Counts, 2021）。NCEAレベル2の取得は、生徒にとって卒業後の教育や雇用の機会につながり、そこで得る社会的地位や収入が健康や生活の質といった社会経済的な指標とも関係してくる。

　政府が運営するウェブサイトのEducation Countsは、学校教育に関する各種統計を公開している。表7は中等教育においてNCEAレベル2以上の資格を取得して卒業（中退）した18歳以上の割合をエスニシティごとの経年変化で示したコホート調査の結果である。2011年の結果と比較するとすべてのエスニシティで2020年の資格取得率が向上している。マオリとパシフィカはアジア系やヨーロッパ系よりも高い伸び率を示し、エスニシティ間の取得率格差は縮減している。しかし、マオリとパシフィカはいずれの年も全体平均を大きく下回っており、これら生徒の学習達成度が課題であることがわかる。マオリの生徒に関して、先行研究は男子生徒の指標の方が女子よりも悪く、教育的な成功を収めたマオリの生徒においては、（マオリ文化と異なる文脈をもった）主流の学校教育に同化していることを指摘している（Berryman, Egan & Ford, 2014：7）。

表7　NCEAレベル2以上を取得して卒業（中退）した18歳の割合の経年変化

（出典：Education Counts（n.d.）にもとづき筆者作成）

次の表8は、高等教育に関係するNCEAレベル3と大学入学資格（University Entrance：UE）を取得して卒業した18歳の割合を示したものである。NCEAレベル3は後期中等教育の最終段階であり、例えばこれを取得することがUEを取得する一つの条件となっているように、高等教育への進学に関して重要な意味をもつ。

表8でもNCEAレベル2の取得率と同様の傾向がみられ、アジア系とヨーロッパ系が平均を上回り、パシフィカとマオリが平均を下回っている。しかし、最上位のアジア系と最下位のマオリに着目すると、NCEAレベル2に関する表7では2020年に19ポイントの差がみられるが、表8の同時期では40.8ポイントとなり、マオリはアジア系の半分以下の取得率にとどまる。

ところで、表8に関して、新型コロナウイルス（COVID-19）感染症が流行した2020年と2021年を比較すると、すべてのエスニシティでNCEAレベル3以上を取得して卒業した生徒の割合が減少している。ニュージーランドの学校は、感染症の警戒レベルの高い期間を自宅学習としたが、その間に教育省はインターネットに接続する端末やNCEA用の学習プリントを配布し、自宅でデジ

表8　NCEAレベル3以上を取得して卒業した18歳の割合の経年変化

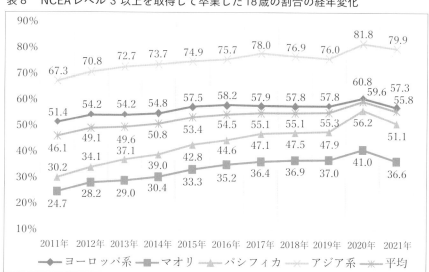

（出典：Education Counts（n.d.）にもとづき筆者作成）

タル技術にアクセスできない生徒のためにインターネット接続の促進に取り組み、NCEA に関わる11年生以上の生徒を支援した。ニュージーランド資格認定局（New Zealand Qualifications Authority：NZQA）も学校を支援するために、遠隔教育やそこでの学習と評価に関するガイダンスを提供し、生徒にはLearning Recognition Credits（LRC）が与えられ、従来よりも NCEA の取得で不利とならないような配慮がなされた。2021 年における LRC の調整は、COVID-19の影響を強く受けたオークランド、ワイカト、ノースランドの 3 地域でより大きく行われた（Education Counts, 2022）。そうした取り組みにもかかわらず、2021 年はレベル 3 以上の取得率が前年よりも低下している。そこにはCOVID-19との関連が予想されるが、流行の収束時期に留意して、2022年以降の推移から検証する必要があるだろう。

　また、Education Counts（2022）によると、マオリに関して、2021 年には卒業生全体の19.3%が UE を取得した。社会経済的尺度のディサイル（Decile、後述）をもとに学校ごとに卒業生の UE 取得率をみていくと、ディサイルの高

表9　ディサイルと卒業生のUE取得率

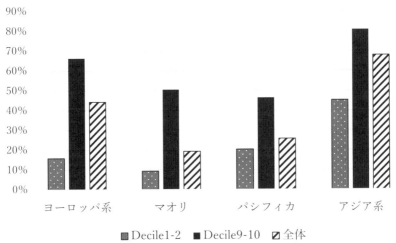

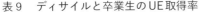

（出典：https://www.educationcounts.govt.nz/__data/assets/pdf_file/0019/208072/Indicator-NCEA-Level-3-and-above_FINAL.pdf にもとづき筆者作成）(2023 年 1 月 20 日閲覧）

い学校（Decile 9-10）に通った人では50.5%、ディサイルの低い学校（Decile 1-2）に通った人では9.4%となっていた（表9）。同年のパシフィカの卒業生は全体の25.7%がUEを取得しており、ディサイルの高い学校に通った人では46.4%、ディサイルの低い学校に通った人では20.3%の取得率であった。

一方、2021年のアジア系の卒業生は、全体の67.8%がUEを取得しており、ディサイルの高い学校に通った人では80.9%、ディサイルの低い学校に通った人では45.2%の取得率であった。ヨーロッパ系の卒業生は、全体の44.3%がUEを取得しており、ディサイルの高い学校に通った人では66.3%、ディサイルの低い学校に通った人では15.9%の取得率であった。

表9からわかるように、ディサイルの高い学校に通った人のUE取得率は、ディサイルの低い学校に通った人の取得率を上回り、エスニシティごとの取得率でも上位のアジア系からヨーロッパ系、パシフィカ、マオリまでの順位は変わらない。しかし、ディサイルの低い学校に通った人の取得率をエスニシティごとに並べると、上位のアジア系は変わらないが、パシフィカ、ヨーロッパ系、マオリとなる。アジア系はディサイルの低い学校に通った人でも、マオリやパシフィカでディサイルの高い学校に通った人並みの取得率となっている。ディサイルの低い学校に通った人では、パシフィカがアジア系に次ぐ位置にあるが、その取得率はアジア系の半分にも満たない。

ディサイルの低い学校に通った人の取得率に関して、ヨーロッパ系がパシフィカを下回っていることは注目に値する。なぜなら、ニュージーランドでは社会経済的な不利がマオリやパシフィカといったエスニシティと結びつけられて論じられてきたが、その視点だけでは同国の社会経済的格差と教育格差の課題を捉えきれない可能性が示唆されているからである。

本節では、社会経済的に不利な背景をもつマオリやパシフィカが、後期中等教育段階におけるNCEAの取得率や高等教育への進学率において、アジア系やヨーロッパ系との間に格差が生じている状況を明示してきた。学業や就職に関わる資格の取得率において遅れをとることは、学校教育を終えた後の生活に影響を及ぼし、社会経済的な不利の再生産につながりかねない。なお教育省のもとで高等教育を管轄している高等教育委員会（Tertiary Education Commission）は、大学生が入学から5年以内に学士以上の資格を取得する率について、マオ

リ（62%）とパシフィカ（58%）が全体平均（74%）を下回っていることを報告している（Tertiary Education Commission, 2014）。

　教育省はマオリやパシフィカ生徒の社会経済的な不利と学習到達度の低さの関連を認識している。ゆえにニュージーランドでは、教育機関評価局（Education Review Office：ERO）が「学校評価指標（School Evaluation Indicators）」を定めて中等教育の学習成果を評価する枠組みを提供し、特にマオリ、パシフィカの教育に関するプロセスを見直すことで、彼らの学習成果を改善することに焦点を当てている（Education Review Office, 2016）。

4. ニュージーランドの学校教育が取り組む社会的公正

(1) 社会経済的尺度を用いた中等学校に対する資金援助

　ニュージーランドでは学校教育を支援するための社会経済的な尺度としてディサイルを用いている。その目的は、教育省が初等中等教育段階の公立学校に資金を提供し、社会経済的に不利な地域から通う児童生徒が直面する可能性のある障壁を克服することにある（Ministry of Education, 2022）[8]。ここではディサイルとそれにもとづく中等学校への支援について概観する。

　ディサイルは、全国の学校と比較した上で、学校に通う生徒の地域に関する相対的な社会経済的尺度で、5年ごとに見直されることになっている。ディサイルは5つの社会経済的指標をもとに定められ、公立学校の学区に1から10までの数値を与えている。ディサイルは1が最も低く、10が最も高い。その算出方法は、ディサイル1の学校の場合、社会経済的に低い地域の生徒の割合が高い学校の上位10%である。またディサイル10の学校は、こうした生徒の割合が低い学校の上位10%である。このように全国の学校を10等分することから、各ディサイルの学校数はほぼ同数となる[9]。

　ディサイルの算出で参照される社会経済的指標は、①全国の下位20%の世帯収入の世帯が占める割合、②もっとも低い技能職で雇用されている親の割合、

③住居の広狭（寝室数に対する世帯人数）、④教育的資格（学歴）のない親の割合、⑤収入支援（生活保護）を受けている親の割合となっており、いずれもセンサスのデータを参照している。よって、ディサイルが学区の社会経済的状況を示す指標であって、学校全体の社会経済的状況や学校の教育の質を示す指標ではないことに注意を払わなくてはならない。

教育省の資金援助はすべての学校を対象に行われているが、特にディサイルの低い学校には教員の補充（Decile 1-2）や学習支援センターの設置（Decile 1-3）、校長に与えられる裁量的資金（Decile 1-4）など、より手厚い援助が用意されている。そして、オランガタマリキ（子ども省）の資金をもとに、学校はNGOからスクールソーシャルワーカー（Decile 1-3）やユースワーカー（Decile 1-3の中等学校）などの支援を受けることができる。このように、ニュージーランドはディサイルを手がかりとして社会経済的な格差を是正し、公正性の実現を目指してきた。

(2) 学校のESOLに対する資金援助

ニュージーランドは、ディサイルにもとづく学校への資金援助の他に、初等教育および中等教育の学校に在籍し、英語教育の必要な移民や難民出身者の生徒数に応じた資金援助の制度を整備している。移民・難民出身生徒の出身地域は多岐にわたるが、英語を母語としない児童生徒も少なくない。そのような場合、児童生徒はESOL（English for Speakers of Other Languages）と呼ばれる英語を母語としない人のための英語の授業を受ける。学校は移民・難民出身者、あるいは留学生が入学した際に試験を実施し、当該生徒の英語や他教科の学力を評価しながらクラス分けを行っており、ESOLに在籍することとなった生徒は、ここで学ぶことで一般の授業に参加できる英語力をつけることを期待される[10]。

教育省は学校に対してESOLのための資金援助（ESOL funding）を行っている。これは、移民・難民出身の児童生徒、あるいは移民・難民出身者の親をもつニュージーランド生まれの児童生徒を対象としており、留学生は資金援助の対象となっていない。留学生は在籍する学校の授業料を支払うことで、ESOLを受けることができる。

教育省は学校に対する資金援助についての明確な基準を設けており、中等学

校に在籍する移民・難民出身生徒の場合、1名につき年間1,000NZドルが最長5年間（20学期）援助される（Ministry of Education, 2020）。ニュージーランド生まれの児童生徒の場合は最長3年間（12学期）となっている。学校がESOLを必要とする児童生徒数を教育省に申請し、教育省は基準にもとづいて算出した資金を学校に支給する。学校は支給された資金をどの学年から開始するかを決定することができる。さらに、教育省は適応に時間と労力を要する難民出身生徒の一般授業への参加に向けて、Refugee Flexible Funding Poolと呼ばれる資金援助の制度も用意している。

学校は教育省から得た資金をもとに、ESOLに在籍する生徒に向けて様々な支援を行うことができる。例えば、資金は教科書やラップトップ[11]などの教材購入に充てられる他、移民・難民出身生徒を言語や学習、生活などの様々な面から支える非常勤職員のティーチャー・エイド（Teacher Aide）の雇用にも使われている。

ニュージーランドの公立中等学校は学区制であるため、学校ごとにエスニシティの構成は大きく異なるが、ESOLではマオリ、パシフィカ、アジア系の生徒が在籍することが多く、その来歴もニュージーランド生まれ、移民・難民出身生徒、留学生と幅広く、ESOLの教室は多様性にあふれている。したがって、教育省がESOLを支援することは、これまでみてきたような社会経済的に不利とされるエスニシティの生徒を支援することにも関わる。

しかし、ESOLに在籍するアジア系生徒に関しては留意すべき点がある。なぜなら、彼らの中には社会経済的に有利な留学生が含まれるからである。例えば、オークランドでは社会経済的に有利な中国系留学生が、大学進学を視野に入れてディサイルと大学進学率がともに高い地域に集まり、有名な中等学校に通う傾向が強い（柿原、2021：165-166）。

(3) NCEAの科目によるマイノリティ生徒への動機づけ

高等教育への進学や就職において重要な資格となるNCEAであるが、取得するためにはリテラシーとニューメラシーの単位取得が必須であり、その他にも各レベルが求める要件を満たさなければならない。NCEAの科目のうち、リテラシーに関わる科目には事実上の公用語である英語・マオリ語・ニュージーラ

ンド手話に加えて English Language（EL）[12]が置かれ、ESOL における英語学習の積み上げが単位の取得につながる仕組みとなっている。

　上記以外にも NCEA は国内で使用者の多い外国語の単位を認定しており、例えば、パシフィカの言語ではサモア語・トンガ語・ニウエ語、アジア系言語では中国語・韓国／朝鮮語・日本語が設定されている。移民生徒や留学生によっては母語を履修することで単位を取得できる利点がある。また、NCEA の科目には Pacific Studies が設定され、太平洋地域について人類学、考古学、芸術、経済学、地理学、歴史学、言語学、文学、音楽、政治学、社会学などの視点から学ぶ内容となっている。

5．後期中等教育段階における公正性の課題

　ニュージーランドでは生徒の社会経済的な格差を縮減するために、教育省が制度を整備し、中等学校も実践に取り組んできた。ここでは公正性の観点からそれらを考察していく。教育省は、学校のディサイルに応じて運営資金を援助しているが、特に社会経済的に不利な地域を学区に含むディサイルの低い学校に対しては、教員の補充や学習支援センターの設置などに充てるための資金を提供して格差是正につとめている。しかしディサイルの性質上、学校に通う生徒個人の社会経済的背景を示すものとはなっていないことから、支援の優先度の高い生徒を識別し、重みづけをしていくことには利用できない。現行制度の短所を改善する役割が Equity Index に求められており、2023年以降の動向を注視する必要がある。

　また、学校は英語を母語としない生徒に向けて ESOL を実施し、その運営資金に関しても、社会経済的な不利に陥りやすい移民・難民出身生徒の数を教育省に申請し、教科書やラップトップの購入やティーチャー・エイドの採用など、学習環境の整備に充てる資金を得ていることを確認した。これに関して、オークランドの中等学校における調査事例にふれながら、ESOL の果たしている役割についてみておきたい。

　2015年から2022年（2020年、2021年は未実施）にかけて行ったオークラン

ドの中等学校における調査では、ディサイル1、2、3、4、9、10の学校でESOLの教員が教育方法や評価に関してELLPを参照しながら生徒の指導にあたっているという回答を得た[13]。ESOLの位置づけはディサイルの高低によって異なる傾向がみられるが、ディサイルが1から4と低く、移民・難民出身生徒の多い8校のESOLでは、ティーチャー・エイドなどの人材、ホームワーク・センターやキャリア・サポートなどの生徒支援、貸出用ラップトップの購入や英語のテキスト類などの教材が充実しており、そこにESOLの資金が活用されていた[14]。また余談になるが、ディサイルの低いオークランド南部の学校にはマオリやパシフィカの生徒が集中しているが、だからといって校内が荒れている、あるいは雰囲気が悪いという印象は訪問時には受けなかった。むしろ、ESOLの教員やティーチャー・エイドに対するインタビューでは、生徒の将来の可能性を広げようという熱意が語られ、彼らの実践は実際にディサイルの低い学校におけるNCEAの取得率を引き上げてきた。

　このように、ESOLは社会経済的な格差やエスニシティの問題に対して直接的に取り組むものではないが、社会経済的な不利を間接的にカバーする役割を一定程度で果たしているといえよう。一方で、ディサイルの高い学校のESOLには、中国系を中心に、社会経済的に有利なアジア系留学生が集まることに言及した。この場合のESOLは、社会経済的に有利な生徒が英語力を伸ばして進学の可能性を広げる手段となっており、社会経済的な差に起因する教育格差を縮減する効果が常に得られるわけではないことを示している。

　そしてニュージーランドの後期中等教育では、NCEAの科目がマオリや移民・難民出身者などマイノリティの生徒の単位取得を促しうる選択肢を用意していた。NCEAが言語系科目や文化的な科目を設定してマイノリティの生徒に高等教育進学のインセンティブを与えることは、社会経済的格差の縮減および公正性の確保に貢献しうるといえるが、十分なわけではない。というのは、NCEAにサモア語・トンガ語・ニウエ語はあるが、他のパシフィカの言語は含まれていないからである。これら三つの言語は、国内のパシフィカ人口でみても上位3位と一致しており、ニーズに応えているともいえるが、公正性の観点からは疑問が残る。

　さて、ニュージーランドでは、社会経済的な不利の問題がマオリやパシフィ

カといったエスニシティの問題と結びつけられて語られてきた。もちろん、そこには重なる部分があるわけだが、この視点が強調されるために見落とされがちなことにも目を向けたい。すなわち、ディサイルの低い学校に通うヨーロッパ系のUE取得率の低さ（表9）である。彼らはパシフィカを下回っている。これに対し、政府がマオリやパシフィカの成績向上のための戦略（例えばPasifika Plan）を用意する一方で、社会経済的な不利に目をつぶり、ヨーロッパ系の成績を上げる戦略はもち合わせていないという指摘がある。先行研究によれば、ニュージーランドの学校教育で成功していない者のうち、かなりの割合を社会経済的に貧しいヨーロッパ系が占めていることが見落とされている（Strathdee 2013：506）。2018年センサスの「15歳以上の人口」（全体は3,776,355人）の所得関連データでは、国内の平均年収は31,800NZドル（約240万円）となっている。年収15,000NZドル（約115万円）以下の人口と割合をエスニシティごとにみていくと、ヨーロッパ系は550,017人で15.6％を占める。人口割合でみると、マオリは4.3％、パシフィカは2.3％であり、彼らの家族形態や規模がヨーロッパ系と異なることを勘案したとしても、貧しい家庭のヨーロッパ系生徒が一定数存在することは明らかであり、このことはディサイルにもとづく学校に対する資金援助が万能ではないことを示している。こうした状況は、「明日の学校独立タスクフォース（Tomorrow's Schools Independent Taskforce）」も報告しており、政府によるEquity Fundingの導入に関係している（Tomorrow's Schools Independent Taskforce, 2018：19）。

おわりに

　本章では、社会経済的に不利な生徒の学習到達度の向上に関して、ニュージーランドが後期中等教育段階においていかに取り組み、それが公正性の確保につながるものなのかを検討してきた。社会経済的尺度のディサイルは同国の取り組みにおける柱であり、これにもとづいて教育省は社会経済的に不利な地域にある学校に対する資金を提供していた。しかしながら、ディサイルは効果的に社会経済的な格差を縮減し、生徒の学習到達度の向上につなげているとはいえ

ない。NCEAのデータによると、マオリ、パシフィカの学習成績は改善しているが、PISAの成績は全体として向上しておらず、社会経済文化的指標の格差が足を引っ張っている。

ニュージーランドでは社会経済的な不利の問題がマオリ、パシフィカといった特定のエスニシティと結びつけて語られ、ディサイルによる資金も彼らの多い学校に回りがちとなる。そのため、社会経済的に不利な生徒におけるマジョリティでもあるヨーロッパ系の生徒は見落とされてきた。ディサイルは一般的に学校の質を測るものとして誤用され、本来の目的を果たせていない（Tomorrow's Schools Independent Taskforce, 2018：15, 19）。ESOLは移民・難民出身生徒の英語学習を支援することで学習到達度の向上を促すものであるが、ヨーロッパ系生徒の課題改善には機能しない。そればかりか、ESOLは社会経済的に有利なアジア系が教育的な成功を収めるための手段となっている。NCEAの科目設定は、マオリ、パシフィカ、アジア系生徒の進学に対するインセンティブになるが、社会経済的な不利を改善し、社会的公正を実現するには十分ではない。

ニュージーランドにおいてマオリやパシフィカが社会経済的に不利な地位に置かれてきたことは事実であり、依然として同国における改善すべき課題であることに変わりはない。しかし、統計データはヨーロッパ系の社会経済的な不利にも目を向ける必要があることを物語っている。

学校教育における社会的公正の実現は不断に取り組まれるべきことであり、今後導入が予定されているEquity Indexにもとづく資金援助はそのための重要な役割を担っているといえよう。

〈注〉

1　三つの調査分野ではそれぞれ異なる習熟度レベルが設定されている。読解力は9段階（レベル6以上、レベル5、レベル4、レベル3、レベル2、レベル1a、レベル1b、レベル1c、レベル1c未満）、数学的リテラシーは、7段階（レベル6以上、レベル5、レベル4、レベル3、レベル2、レベル1、レベル1未満）、科学的リテラシーは8段階（レベル6以上、レベル5、レベル4、レベル3、レベル2、レベル1a、レベル1b、レベル1b未満）となっている。

2　読解力では高得点層の生徒（レベル5または6）の割合は安定している。

3　2018年調査は参加した生徒のエスニシティについても質問しており、その内訳はヨーロッパ系が68%、マオリが21%、パシフィカが13%、アジア系が16%、その他（中東、ラテンアメリカ、アフリカのグループで、MELAAと呼ばれる）が3%であった（May with Jang-Jones and McGregor, 2019：35）。

4　アジア系では、中国（247,770人）、インド（23,9193人）、フィリピン（72,612人）が上位を占めている。

5　後期中等教育を受けていない母親に育てられた生徒を意味している。

6　2018年におけるNZドルの年間の平均レート（1NZドル＝約76.4円）をもとに算出。

7　NCEAレベル2以上としているのは、Aレベル（Cambridge International Assessment）や国際バカロレア（International Baccalaureate）が代替可能な評価として含まれるからである。

8　2017年に成立した労働党政権は、2019年にディサイルを廃止してEquity Indexに置き換えることを決定した。しかし当初予定していた時期の導入が延期となり、2023年1月からディサイルは段階的に廃止されて移行が進むこととなった。現行のディサイルは学校を支援するための尺度であるため、学校に通う生徒の社会経済的背景に焦点を当てたものとはなっていない。また、教育省は社会においてディサイルで学校の質を推し量るラベリングの弊害がみられることを認識しており、これもEquity Indexを用いたEquity Fundingによって、学校よりも生徒に焦点を当てた支援を強める

動機となっている。

9　ディサイルの算出には 7 つの段階がある。具体的な算出方法は https://www.education.govt.nz/school/funding-and-financials/resourcing/operational-funding/school-decile-ratings/ を参照のこと（2023年 1 月20日閲覧）。

10　教育省は2008年に ESOL の指導マニュアルとして「English Language Learning Progressions（ELLP）」を作成した。これは、英語を母語としない児童生徒に英語教育を実施する上での具体的かつ包括的な指針である。ELLP は、ESOL に関係する学校教育関係者によって英語教育の方法および英語運用能力の評価に関して参照されており、教育の質を保つことに貢献している。

11　ニュージーランドの学校では、授業で個人所有の ICT 端末を使用する学校も多い（Bring Your Own Device：BYOD）が、ディサイルの低い学校では家庭に端末がないこともあるため、このような資金をもとに学校が購入して生徒に貸与する事例がみられる。

12　従来 ESOL だった科目の名称が EL に変更された。

13　オークランドの公立中等学校73校中11校を調査した。調査校はオークランドの東部・西部・中南部・南部・北部に位置している。ディサイルの内訳は 1 （ 1 校）、 2 （ 4 校）、 3 （ 1 校）、 4 （ 2 校）、 6 （ 1 校）、 9 （ 1 校）、 10 （ 1 校）となっている。

14　特にオークランド南部はディサイルが 1 や 2 の低い学校が集中しており、調査した 3 校ではいずれもマオリの生徒が 2 割を超え、エスニシティの上位 2 位に入っていた。この他にサモア系、インド系生徒も 2 割から 3 割程度を占めていた。

〈参考文献〉

- 柿原豪『日本における外国につながる児童生徒の教育と社会的包摂―日本とニュージーランドの比較にもとづく学校教育の制度イノベーション』春風社、2021年。
- 国立教育政策研究所『生きるための知識と技能 7 OECD生徒の学習到達度調査、(PISA)―2018年調査国際結果報告書』明石書店、2019年。
- Bedford, R. D., Ho, E. and Lidgard, J. "Immigration Policy and New Zealand's Development into the 21st Century: Review and Speculation", *Asian and Pacific Migration Journal*, Vol. 10, No. 3‐4 : 585‐616. SAGE Publications, 2001.
- Berryman, M., Egan, M. and Ford, T. "Sustaining and Spreading Education Reform: including marginalized students". New Zealand: Ministry of Education, 2014.
- Education Counts. "School Leaver's Attainment", 2021（https://www.educationcounts. govt.nz/statistics/school-leavers）(2022年 8 月15日閲覧).
- Education Counts. "School leavers with NCEA Level 3 or above", 2022（https://www. educationcounts.govt.nz/__data/assets/pdf_file/0019/208072/Indicator-）(2022 年 8 月15日閲覧).
- NCEA-Level- 3 -and-above_FINAL.pdf（2022年 8 月15日閲覧).
- Education Counts. "Time Series Data: 18-Year-Olds with NCEA Level 2 or Above (2011-2020)", n.d..
- Education Review Office.（2016）. "School Evaluation Indicators: Effective Practice for Improvement and Learner Success". New Zealand: Education Review Office.
- May, S. with Jang-Jones, A. and McGregor, A. "PISA 2018 Summary Report: System performance and equity". Wellington: Ministry of Education, 2019.
- Ministry of Education. "ESOL funding", 2022（https://www.education.govt.nz/school/ funding-and-financials/esol-funding/）(2022年 8 月29日閲覧).
- Ministry of Education. "School deciles", 2022（https://www.education.govt.nz/school/ funding-and-financials/resourcing/operationalfunding/school-decile-ratings/ ）(2022 年 8 月31日閲覧).
- OECD. "Can the performance gap between immigrant and non-immigrant students be closed?", 2015（https://www.oecd.org/pisa/pisaproducts/pisainfocus/PIF-53（jpn). pdf)(2022年 8 月29日閲覧).
- OECD. "New Zealand - Country note - PISA 2018 Results", 2019（https://www.oecd. org/pisa/publications/PISA2018_CN_NZL.pdf)(2022年 8 月15日閲覧).
- Stats NZ. "2018 Census ethnic groups summaries（updated 14 August 2020）", 2020.
- Stats NZ. "Estimated population of NZ", 2022（ https://www.stats.govt.nz/indicators/ population-of-nz/ ）(2023年 1 月28日閲覧).
- Strathdee, Rob. "Neo-tribal capitalism, socio-economic disadvantage and educational pol-

icy in New Zealand". *Journal of Education Policy*, 28:4, 2013: 501-516.
・Tertiary Education Commission. "Tertiary education strategy 2014-2019". Wellington: New Zealand Government, 2014.
・Tomorrow's Schools Independent Taskforce. *Our Schooling Futures: Stronger Together*. Wellington: Ministry of Education, 2018.

（柿原　豪）

Column
日本の論点―後期中等教育と高等教育との接続の改善―

　1999年12月、中央教育審議会は、約１年余りの審議を重ねた後、文部大臣から諮問を受けた「初等中等教育と高等教育との接続の改善について」答申を取りまとめた。今回の答申では、これまでも選抜方法の改善等について提言がなされていた初等中等教育と高等教育との接続の改善に関して、初等中等教育と高等教育との接続を重視した入学者選抜について触れており、入学者選抜そのものの具体的な改善方策について、各大学が多様な進学希望者の能力・適性等を適切に評価するための選抜方法の開発、導入、そしてそのあり方について検討する必要があると提言している。

　四国学院大学の建学憲章の九つからなる基本理念の中には、「『人間観』の批判的検証をともないながら、正義と平和、人間の自由と尊厳を追求する」ことについて、また、「異なった文化、異なったものを受容する感性を涵養する」ことについて宣言されている。これらの理念を具現化する試みの一つとして、1995年度の入試から、固定化され画一化された人間の定義にとらわれることなく、多種多様な人間存在を受け入れることで、社会の錯綜する諸問題に積極的に取り組む人間を育成できる教育環境を醸成するという目的のもと、「特別推薦入学選考制度」が実施されてきた。2021年度からは、「特別推薦入学選考制度」は「特別推薦選抜」と名称が変更されているが、これまで四半世紀におよび導入され続けてきた「特別推薦入学選考制度」の理念と実践を継承したものとなっている。そのため、「特別推薦選抜」においても、その制度は、1995年当時と変わることなくⅠ類（アファーマティヴ・アクション枠）とⅡ類（キリスト者、海外帰国生徒、文化の多様性）に分類されている。また、「特別推薦選抜Ⅰ類（アファーマティヴ・アクション枠）」については、『根深い社会的差別・不寛容のなかで大学教育を受ける機会を制限されてきた、被差別部落出身者、被差別少数者（民族的少数者等）、身体障害者に対し、より幅広く、かつ誇りをもって大学生活を受ける道を開くという、アファーマティヴ・アクショ

ン（格差是正措置）としての性格をもつ入学選抜制度』であることが明文化されている。過去10年間において、「特別推薦選抜」Ⅰ類とⅡ類を利用して80名の学生が四国学院大学に入学しており、現在、「特別推薦選抜」Ⅰ類とⅡ類を合わせると21名の学生が四国学院大学で学びを深めている。

　四国学院大学の「特別推薦選抜」において、入学者数が最も多い「特別推薦選抜Ⅰ類（アファーマティヴ・アクション枠）」の「身体障害者特別推薦選抜」の入学前と入学後のサポートについて簡単に紹介する。四国学院大学では、入学前に対象者に対して入学後のサポートについてのアンケート調査を実施している。それにより、事前に入学後に必要なサポートについて把握することができるため、彼らが入学するまでに個々の学生のニーズに応じた支援のための準備をしている。また、入学後には、差別のない自由な教育環境づくりを目指すために設立されたCHC[1]センターによる各種サポート、例えば、障害をもつ学生のためのケアサービスであるノートテイク・サービスやアテンダント・サービス（提供者、利用者ともに本学学生）の利用を通し、個々の学生が充実したキャンパスライフを送ることができるよう支援をしている。

　本著でも論じられているように、日本だけではなくオーストラリアやニュージーランドにおいても、子どもたちを取り巻く社会経済的背景と格差が教育に与える影響は軽視できない問題であると同時に、目を背けてはいけない全世界に共通する課題であると考える。高等教育に携わる我々にとって、大学での学びを希望する学生一人ひとりの多様性を認めつつ、社会経済的背景と格差による問題を抱えた多種多様な大学入学希望者の存在に気づくとともに、障害を理由に様々な制限を強いられてきた者に対しても「より幅広く、かつ誇りをもって大学教育を受ける道を開く」ことが求められているのではないだろうか。

〈注〉

1 CHCとは、The Community for Human Rights and Cultural Diversity（人権と
　文化の多様性に関する委員会）のことである。「四国学院大学は、2004年
　にCHC（人権と文化の多様性に関する委員会）を発足し、本学の建学憲
　章の具現を目指して、人権と文化の多様性に触れる様々な取り組みを学内
　外に発信」している。

　　　　　　　　　　　　　　　　　　　　　　　　　（中澤　加代）

第5章

オセアニア島嶼国
サモアなどでの後期中等教育修了資格

第5章

オセアニア島嶼国
サモアなどでの後期中等教育修了資格

〈本章を読む前に〉

オセアニアには多くの島嶼国があるが、それらの国々ではどのような後期中等教育修了資格の試験があり、どのような方法で高等教育に進学するのだろう。日本でも離島の子どもたちが大学に行くためには島外に出なければ、入試でさえ受験できなかったりする。このように島嶼国でも、海外の大学に進学することになるのだろうか。その場合、中等教育の資格は国際的に認められるのだろうか。確かにグローバル化時代ではあるが、独自の教育によるローカリゼーションも求められてくる。

社会経済的に脆弱で小規模な島嶼国は、大きな国に比べ制約が多く、不利な立場に置かれやすい。そのためオーストラリアやニュージーランドなどに依存しがちだが、植民地の経験から脱却することも求められる。

島嶼国では、これらを克服して独自の後期中等教育の資格制度を構築してきた。この章では、中でも小島嶼国が共同で採用してきた「太平洋後期中等教育資格」（PSSC）と、2013年以降に各国が独自に行うようになった資格試験の制度的変遷をたどり、特にサモアが採用している資格試験や評価の方法を紹介しながら、小島嶼国の立場から、後期中等教育と高等教育進学の意味を改めて考察してみたい。

はじめに

　オセアニアには、オーストラリアやニュージーランド以外に14の島嶼国がある。植民地にはならなかったトンガのほか、1962年に独立したサモア（当時は西サモア）をはじめとし、各国は人口や経済規模など小規模ながら独立を果たしてきた。主権をもった独立国である以上、独自の教育制度が整備されていくのは当然であるが、独立後は初等教育の発展が優先され、中等教育は後回しにされがちであった。特に大学入学資格に向けた後期中等教育の提供は非常に難しい問題となる。中等教育になれば小学校のように現地の言語や身近な内容ではなく、多少なりとも国際的に通用する高度な専門知識を扱うことが増えていく。そうしたカリキュラムを開発し、内容を精査した試験を作成できる人材も島嶼国では不足していた（Crossley and Holmes, 1999：1, Bray, 1998 b：474）。

　さらにいえば、後期中等教育までの進学者が多くいなかったこと、そして国内に大学を有していないと海外の大学に入学することになるため、独自の教育内容を設定する必要がなかったことも理由としてあげられる。

　こうした状況はなにもオセアニアの島嶼国に限った話ではない。世界には、日本の大学入試センターなどのような自国の試験機関がなく、先進国の試験機構が提供する試験を用いる国も多い。例えば、イギリスのケンブリッジ大学などが提供している国際GCSE試験（IGCSE）やそのAレベルなどの試験を用いることも少なくない。そうした海外の試験では、国際的に認証されるものであっても、地域に根差した教育内容との関連が薄くなることが難点であった。これに対して、複数の国々で構成される試験であっても、その地域の国々にとって適切な内容にするために共通の試験が行われることがある。例えば、西アフリカの WAEC（The West African Examinations Council）やカリブ海地域の CXC（Caribbean Examinations Council）は地域共通の資格試験として行われている。

　オセアニアにおいても、こうした地域共通の資格試験が実施されていた。それが1980年代に開始された「太平洋後期中等教育資格」（Pacific Senior Secondary Certificate：PSSC）である。これに参加していたのは、オセアニアの７つ

の島嶼国（キリバス、サモア、ソロモン諸島、ツバル、トンガ、ナウル、バヌアツ）である。他の7カ国のうち、マーシャル諸島、ミクロネシア連邦、パラオはアメリカと自由連合盟約を結び、高等教育への進学など、その影響が強い。またニウエとクック諸島はニュージーランドとの関係が強く、教育制度もそれに倣っているため、共通の試験に参加する必要はなかった。パプアニューギニアは人口や経済規模も大きく、複数の高等教育機関を有しているため参加の必要性がなかった。フィジーも比較的に規模が大きく、複数の大学を有し、進学する者も多いことから、独自で資格試験を実施する方が効果的だったため、PSSCには参加しなかった（後述）。

　このPSSCを実施していたのは、大洋州島嶼国の発展のための助言や研修を行う地域機関である太平洋共同体（SPC、旧南太平洋委員会）が1980年に教育分野に関する組織として設置した南太平洋教育評価委員会（South Pacific Board for Educational Assessment：SPBEA、現EQAP）である。このSPBEAは、母体のSPCがそうであるように、オセアニア島嶼国の教育分野の発展のための助言や研修を主な役割として設置されたもので、もともと共通試験を開発、実施するような機能は求められてはいなかった（Bray, 1998 b：479）。1970年代に共通試験が検討されたこともあったが、実施されなかった（Rees and Singh, 1998：165-166）。オセアニア島嶼国では非常に伝統を重んじており、独立性を保つことが求められたからである。

　1980年代に、一転してこのSPBEAがPSSCを作成し、実施することになったのである。本来、地域共通試験を作成する役割をもたなかったSPBEAが、なぜPSSCを作成し、共通の後期中等教育修了資格の試験を実施しなければならなかったのだろうか。そして、なぜ2013年にPSSCから各国独自の試験に切り替えたのだろうか。またなぜ、それが必要であり、可能になったのだろうか。

　オセアニア島嶼国の後期中等教育修了資格と高等教育への進学を考える際に、地域共通のPSSCが大きな意味をもってくると考えられる。まずは、PSSCに参加していた小規模島嶼国の社会経済的な状況を確認し、いかに独自の後期中等教育修了資格試験を実施するのが困難であったかという背景からみていきたい。次に、これらの国々の現在の教育制度と後期中等教育修了資格試験の制度を整理しておく。そして、そうした制度がいかに成立してきたか、PSSC以前

のニュージーランドの影響から捉えていく。また、それらの変遷において共通している校外の筆記試験と校内評価（Internal Assessment）という構成に着目しながら、各国がどのような独自性を打ち出し、かつ共通性を維持して後期中等教育修了資格試験を実施しているのかをまとめながら、サモアを事例として、その特徴や課題を分析していく。最後に島嶼国の中でも小島嶼国にとっての後期中等教育修了資格と高等教育進学の意味を考察する。

1. PSSC参加国の社会経済的背景

(1) 小規模であることの意味

　各国はオセアニアの国々とはいえ、地理的には離れている。キリバスとナウルはミクロネシアに属し、ソロモン諸島、バヌアツ、フィジーはメラネシアで、サモアとツバル、トンガはポリネシアである。これらの国々の特徴は小規模の島嶼国ということである。

　島嶼国の中でも小規模とされる明確な定義はないが、概ね人口が150万人以下の国だといわれている（Bray, 1998 a：8）。他国と陸続きではないため隔絶性が指摘されるほか、国内産業が脆弱で輸出産業もコプラなど農業や漁業といった一次産業が主であり、生活品、食糧や機械類、燃料などは海外に頼るため輸入超過となる。経済も小規模にならざるを得ず、開発途上国であることが多い。

　表1はPSSCに参加していた国々とフィジー、ニュージーランドを参考として加えた1985年と2021年の各国の規模を示している。面積と人口ではソロモン諸島とバヌアツは比較的大きいが、ナウルとツバルの人口は1万人少しで、かつ面積も極めて小さい。経済では、ニュージーランドのGDPが約2,500億USドルなのと比べるといかに規模が小さいかがわかる。

　こうした島嶼国では労働市場も限られている。また、独自の高等教育機関を有している国は少ないため、海外への移住や留学を視野に入れなければならない。大学といえば、ニュージーランドやオーストラリアが主な進学先となる。

　オセアニアにはこうした島嶼国のために、広域の南太平洋大学が設置された。

表1　各国の規模（人口、GDPともに左が1985年、右が2021年）

	面積（km²）	人口（人）		GDP（US$）	
キリバス	810	63,989	121,388	32,125,148	180,911,844
サモア	2,830	159,995	200,144	95,572,173	788,389,972
ソロモン諸島	27,990	270,787	703,995	165,524,981	1,645,213,882
ツバル	30	8,211	11,925		63,100,962
トンガ	720	93,896	106,759	60,058,663	488,829,964
ナウル	20	8,501	10,873		133,218,897
バヌアツ	12,190	129,989	314,464	131,856,421	983,469,257
フィジー	18,270	711,770	902,899	1,141,123,440	4,592,118,710
ニュージーランド	263,310	3,247,100	5,122,600	24,679,795,396	249,991,512,237

（出典：World Bank Data をもとに筆者作成）

これは加盟している国々の生徒が入学できる大学で、フィジーに本部キャンパスがあるほか、各加盟国にサテライトキャンパスがある。したがって、国内にいても南太平洋大学の学生になることができる。しかしながら、対面での授業を望むならば、フィジーに行って学ばなければならない。また、総合大学とはいえ学びの選択は限られ、ローカルの人材育成にも必ずしも向いていない。

　この南太平洋大学以外で、PSSCに参加していた国々が有する国立大学は、もともとはサモア国立大学だけであった。トンガのアテニシ大学は私立である。

　PSSCが廃止されてからは、ソロモン諸島国立大学とバヌアツ国立大学がそれぞれ2013年、2019年に、トンガ国立大学も2023年1月に設立され、大学進学行動に変化がもたらされることが期待される。

(2)　小規模島嶼国とニュージーランドの関係

　これらの国々は、植民地だった歴史をもつ国が多く、独立しても旧宗主国の影響を受けることがある。教育についていえば、かつての宗主国が整備した学校制度を土台としており、独立当初はその教育内容が依然として用いられたり

した。例えば、キリバスとツバルはイギリスの植民地であった。ナウルはオーストラリア、ニュージーランド、イギリスを施政国とする国際連盟委任統治であった。その後オーストラリアの影響が強い。ソロモン諸島も一時はドイツや日本の占有を経たこともあったがイギリスの植民地だった。バヌアツはより複雑で、イギリスとフランスの共同統治が行われていた。サモアはイギリスとドイツの領有のあと、ニュージーランドが施政国となった国際連盟と国際連合の信託統治となった。オセアニアで唯一、植民地とならなかったトンガも、イギリスの保護領だった。またPSSCには参加しなかったがフィジーもイギリスの植民地となり、インド系住民との関係もあって共和国となったが今もイギリスとの関係は強い。

　オーストラリアやニュージーランドが一度はイギリスの植民地となっていたように、これらの国々でもイギリス型の教育が土台となっている。しかしながら、これら島嶼国の人たちの移住や留学先としては、地理的に近いニュージーランドであることが多かった。表1で示している1985年はPSSCの導入が検討され始めた時期であり、各国の状況をみてもニュージーランドが経済的に大国だったことがわかる。

　サモアは歴史的にニュージーランドと関係が深かったが、その他の国々は学年度、学期、学校系統などの教育制度がニュージーランドに似ていたり、合わせたりすることもあった。このように、オセアニア島嶼国の教育はニュージーランドの制度との結びつきが強くなり、後期中等教育についても、ニュージーランドの資格制度の影響を受けるようになった。

2. PSSC参加国の教育制度

(1) 学校系統と試験制度

　前節で述べたようにこれらのオセアニアの島嶼国では、イギリスを土台として、かつニュージーランドの教育制度の影響を受けている。そのため、小学校は6年間または8年間であり、その後、中等学校に進学する。後期中等教育の

修了資格の全国試験が行われるのも同様である。

　例えばサモアは小学校が8年間で、5歳（誕生月によっては5歳前）から入学する。ニュージーランドが5歳から0年生として入学するのと似ているが、サモアは1年生である。他の国々は6歳から1年生として入学する。そのため、唯一サモアだけが、ニュージーランドを含めた国々と学年と学齢がずれることになる。ニュージーランドと異なるのは義務教育の年限である。サモアは小学校8年間で修了するか、14歳までとなっている。自動進級となっており、通常であれば小学校卒業年齢は12歳なのだが、本人の何らかの事情で留年したり、入学年が遅れたりすることもある。14歳までというのはこのためである。他の国々も小学校修了までが義務教育で、中等教育までは義務化されていない。バヌアツでは小学校を基礎教育として重視しているものの義務教育化に至っていない。サモアでは中等教育には9割の児童が進学するものの、最終学年まで残るのは6割ぐらいになる。小学校卒業で試験が行われる国もある。このように後期中等教育はまだまだエリートの進学先なのである。

　中等教育は7年生または9年生からで、いずれの国々もニュージーランドと同様に初等、中等教育を合わせて13年間の学校制度となっている。9年生または10年生で前期中等教育の資格試験が行われ、11年生からは後期中等教育

表2　各国の中等教育資格試験

	初等教育	8～10年生	11年生	12年生	13年生
キリバス	6年間	JSC（9年生）	KNC	KSSC	SPFSC
サモア	8年間	JSC（10年生）	SSC[※1]	SSLC[※2]	NUS FY
ソロモン諸島	6年間	SIY9（9年生）	SISC	SINF6SC	
ツバル	8年間	TJC（10年生）	TSC	TSSC	SPFSC
トンガ	6年間		TSC	TFSC	TNFSC
ナウル	6年間			QCE	
バヌアツ	6年間	JSC（10年生）		VSSC	SPFSC
フィジー	8年間	FJC（10年生）		FSLC	FSFE

※1=12年生、※2=13年生
（出典：各国の教育省のHPなどをもとに筆者作成）

に位置づけられる。

　ここで注意したいのは、サモアは前述のように5歳で小学校に入学することから、他の島嶼国（6歳で小学校に入学）やニュージーランドと学年がずれることである。このため、サモアの12年生は他の国々の11年生の学齢であり、13年生は12年生の学齢に相当する。

　また、バヌアツも複雑である。歴史的にイギリスとフランスによる共同統治が行われていたことから、教育制度も英語系とフランス語系の2系統が併存しているのである。これは地域によって異なるというものではなく、同じ街でも2種類の学校があり、それぞれ行きたい言語の学校に通学する。したがって、中等教育の試験もイギリス系の学校とフランス語系の学校とでは、制度が異なるのだ。フランス語系の中等学校では、フランスの大学に接続するために14年生まで設けられている。

(2)　後期中等教育修了資格試験と大学進学の方法

　今はどの国も学年の呼び方はYearで統一されているが、以前の中等教育ではFormと呼ばれていた。11年生はかつてのForm 5に相当し、この学年から後期中等教育資格の試験が始まる。キリバスはKNC（Kiribati National Certificate）、サモアでは12年生で行われるSSC（Samoa School Certificate）がForm 5の試験として位置づけられる。ソロモン諸島ではSISC（Solomon Islands School Certificate）、ツバルではTSC（Tuvalu School Certificate）、トンガではTSC（Tonga School Certificate）、バヌアツ、ナウルでは行われていない。

　12年生はかつてのForm 6に相当し、イギリスのシックススフォームのような位置づけであり、この後期中等教育修了の試験が大学入学資格（多くは予科）でもある。PSSCや2013年以降に各国独自で行うようになったのも、この学年の試験である。

　キリバスはKSSC（Kiribati Senior Secondary Certificate）、サモアはSSLC（Samoa Secondary Leaving Certificate）、ソロモン諸島はSINF 6 SC（Solomon Islands National Form 6 Secondary Certificate）、ツバルはTSSC（Tuvalu Senior Secondary Certificate）、トンガはTFSC（Tonga Form Six Certificate）、バヌアツはVSSC（Vanuatu Senior Secondary Certificate）として実施している。ナウルは独自の試験はなくオー

ストラリアのクイーンズランド州教育資格（QCE：Queensland Certificate of Education）を活用している。

13年生はForm 7とも呼ばれる。もともとニュージーランドと同様に、13年生まで有する国はフィジーに限られており、奨学金のためのバーサリー（Bursary）試験に向けた学年だった。そのため、どの国も13年生の生徒数が増えるに伴い、現在は13年生の試験が大学入学のための最終資格という位置づけになりつつある。それでも、12年生の試験が後期中等教育修了資格であることに変わりはない。

この13年生の試験にはEQAPが実施するSPFSC（South Pacific Form Seven Certificate）を用いる国（ツバル、キリバス、バヌアツ）や独自のForm 7の試験を実施する国（トンガ、ソロモン諸島など）がある。サモアでは、サモア国立大学（NUS）の予科（FY）に進むことでニュージーランドや他の国々の13年生と同等とみなされる。ここでの成績によってサモア国立大学の本科に進学したり、奨学金を得て南太平洋大学やニュージーランド、オーストラリアなどの大学に進んだりすることができる。

南太平洋大学でもこれら13年生の試験とサモア国立大学の予科を入学資格としているが、12年生（サモアでは13年生）の資格試験も南太平洋大学の予科への入学の対象としている。

3. 各国独自の後期中等教育修了資格試験の成り立ち

(1) PSSC以前の後期中等教育修了資格

すでに述べたように、PSSCに参加していた7カ国では、オーストラリアの影響が強いナウルを除き、どれも歴史的にイギリスおよびニュージーランドの影響が強い。これらの国の中には当初、イギリスのUCLES（University of Cambridge Local Examinations Syndicate）の試験を受ける者が多かった。ところが、島嶼国の状況に合った試験が望まれるようになってきた（Rees and Singh, 1998：

165, Rees, 1985：71）。このため、11年生（Form 5）での資格試験として、ニュージーランドで行われていたNZSC（New Zealand School Certificate）試験がオセアニア島嶼国向けに行われるようになった。これがニュージーランド国内でも1985年に廃止されることとなり、オセアニア島嶼国向けには2年間の延長ののち、1988年に廃止されることとなった。これが契機となり、各国はNZSCに替わるニュージーランドでの新たな試験制度への参加を模索したり、またはSPBEAが地域共通の試験を行うよう求めたりした。この中でフィジーでは、自国の人材や能力を活用して実施することが可能と判断し、11年生の試験を独自に実施するようになった。このことが各国に刺激を与え、トンガも1987年に自国で試験を実施し、各国もそれに続いた（Murtagh and Steer,1998：211）。また、独自で試験を実施するとはいえ、人材も必ずしも十分ではない。このためSPBEAが助言と技術的な支援をするようになった。

　一方で、12年生の試験についても同様の流れがある。ニュージーランドでは1985年まで、12年生で大学入学資格（New Zealand University Entrance：NZUE）の試験が行われていた。このオセアニア島嶼国向けの試験もニュージーランドが実施していた。NZUEはその名のとおり大学入学のための試験である。しかしニュージーランドでは1960年代に、12年生への進級が高まるにつれて、必ずしも大学に進学しない生徒が増えてきたこともあり、試験や評価での齟齬が生じてきていた（Livingstone, 1985：83）。そのため1969年以降に別途12年生での第6学年証書の試験が校内評価を伴って行われることになり、しばらくはこの試験とNZUEとが併存する状況が続いた。しかし、同学年で二つの試験という生徒の負担や、13年生で行われていた大学入学・奨学金資格としてのバーサリー試験への受験が奨励されるようになったこともあり、12年生では第6学年証書の試験のみが行われることになり、1985年以降のNZUEは廃止されることとなった（Murtagh and Steer, 1998：207-212）。

　このことがオセアニア島嶼国には11年生試験以上に大きな影響を与えた。ニュージーランドは当面、オセアニア島嶼国向けにNZUEの存続を検討したものの、自国の教育改革を優先させるため、11年生試験と同様、1988年を最後に廃止することとした（Bray, 1998 b：479）。オセアニア島嶼国では12年生での大学入学資格を得るためにNZUEを受験する者が少なからずいた。南太平

洋大学やニュージーランドなどの大学に入学するためには、国際的に認証された大学入学資格が必要となる。11年生の試験とは異なり、各国が独自に試験を行えばいいというわけにはいかなかった。つまり、NZUEの廃止は、これら島嶼国の大学進学志願者から試験の機会を奪うことを意味したのである。また、当時フィジーを除き13年生（Form 7）まで設けている国はなく（Livingstone, 1985：85）、12年生での後期中等教育修了資格としても必要だったが、そのような試験を独自に開発・作成、実施することは困難な状況だった。それゆえにSPBEAに地域共通の試験としてPSSCを開発することが求められたのである。

しかし、フィジーはPSSCには加わらなかった。これは11年生試験と同様に、自国で対応できると判断したこともあるが、NZUEの受験者（約5,500名）のほとんどがフィジーの生徒だったこともある（Ibid：87）。新たな試験にフィジーからの受験者が多くを占めるのであれば、SPBEAに頼る必要はなかった。

(2) PSSCの特徴

こうした背景から生まれてきたPSSCは、ある程度ニュージーランドの試験と同等のものでなければならなかったことは想像できよう。

そうした同等性の一つとして、ニュージーランドでも普及し始めていた校内評価がある。PSSCでも1989年の開始当初から導入され、英語、化学、物理、生物、地理、歴史から始められた。1995年以降、徐々に農業など他の教科でも用いられるようになった。また、校内評価による点数は校外の統一筆記試験と合わせて得点調整を行った上で資格試験の成績とされていた。校内評価で与えられる課題は診断的や形成的ではなく総括的に評価される。校内評価ではレポートなどの課題もあるが、リサーチやプロジェクトなど主体的な学習が取り入れられていた。

これらはSPBEA共通課題以外に、教員が独自に出す課題もある。これについては内容、評価計画を事前にSPBEAに提出し、承認を受けることとなっていた。その際に助言や指導を受けることもできた（Macpherson, 1993）。

各教員が校内で評価を行うため、教員間や学校間などでのモデレーションが必要である。特にPSSCは複数国で実施されるため国同士のモデレーションも必要となる。モデレーションとは評価者によって主観的で不公正な評価となる

ことを避け、信頼性を高めるために評価方法の確認と調整を行うことである。PSSCでは生徒のレポートなどの作品とその採点を抽出して国内のモデレーターだけでなく、SPBEA本部に送って国外のモデレーターの確認を取ることとなっていた。またSPBEAから担当官が学校を訪問してモデレーションが行われることもあった。

こうした校内評価の実施、そしてモデレーションの向上などのために、SPBEAが本部のあるフィジーや各国に赴いて、教員や教育省担当官向けの研修を実施していた。また、学校現場での助言や指導のための視察も行われた。

PSSCの校外試験と校内評価との比率をみていくと、多くの教科では60対40の割合で構成されていた。サモア語以外の語学系と農業は50対50で、数学と地理は70対30の割合だが、コンピュータなど実技系の教科はむしろ校内評価の比率が高く設定されていた。生徒の成績はすべてSPBEAに送られ、各教科の校外試験と校内評価の得点を合算してから得点調整を行い、中央値を定めて9段階に得点分布をすることで公開していた。こうすることで、各国間で不公平が生じていないか確認していたのである。

こうした生徒に課題を与え評価するプロセスは、各教科の指導書（Prescription）に明示されていた。また、こうしたモデレーションによって、教員の指導や評価の質の向上や保障が図られていた。

またSPBEAはニュージーランドの資格認定局であるNZQA（New Zealand Qualifications Authority）やオーストラリアの教育開発研究機関であるACER（Australian Council for Educational Research）、またUNESCOとの協力体制にあることから、こうした校内評価は国際的に認証されうるものでもあった。

しかしながら、得点調整の複雑さや複数国でのモデレーションなど高度な専門性が求められる。SPBEAがその役割を担わざるを得なかった。

一方、各国ではPSSCを行っていく中で、12年生（Form 6、サモアでは13年生）への進級率が高まってきた。表3から、PSSCの受験者数も確実に増えていったことがわかる。また、もともとサモアでは1990年代まで13年生（Form 6）を設置している中等学校は国立の3校のみであり、限られた生徒しか進級できなかったが、1995年から2005年の教育政策の中で、すべての中等学校で13年生を設置するよう校舎等の整備が進められた。このようにPSSCの実施と

表3　PSSCの受験者数　　　　　　　　　　　　　　　　　　　（単位：人）

	1994 年	2002 年	2010 年	2012 年
キリバス	96	429	1,237	1,122
サモア	690	1,261	1,928	1,978
ソロモン諸島	150	558	2,064	2,307
ツバル	–	84	93	101
トンガ	813	1,032	1,533	–
ナウル	–	7	36	38
バヌアツ	186	307	761	670
計	1,935	3,678	7,652	6,225

（出典：South Pacific Board for Educational Assessment をもとに筆者作成）

ともに中等教育が整備されてきたのである。

　さらに各国では13年生の設置も進められるようになった。大学に進学するためには奨学金を受けられるバーサリー試験が必要だったからである。2004年にSPBEAは、SPFSCを実施するようになった。サモアでは、先述のようにサモア国立大学の大学予科が存在したため、こうした試験は必要なく、むしろPSSCが大学に進学するための試験として位置づけられていた。

　こうして各国での中等教育が整備されていく中で、次第に各国がそれぞれ資格試験を実施できるように準備が進められた。特に各国の教員が校内評価を十分に行えるようになったことや、教育省の担当官が教員研修を行えるようになってきたことによって、2010年以降、SPBEAのもともとの役割である指導、助言の役目を果たしたと判断され、PSSCから各国内で作成される試験に切り替えられた。

4．各国の後期中等教育修了資格の導入と現状

(1)　PSSCとの共通性と相違点

PSSCに参加していた 7 カ国のうち、トンガはいち早く2012年に独自の試験

表4 PSSCと各国の資格試験の教科

PSSC	キリバス KSSC	サモア SSLC	ソロモン諸島 SINF6SC	ツバル TSSC	トンガ TFSC	バヌアツ VSSC 英語系	仏語系
英語	英語	英語	英語	英語	英語	英語	仏語
サモア語	地理	サモア語	地理	地理	トンガ語	仏語	英語
トンガ語	歴史	地理	歴史	歴史	トンガ社会	地理	地理
フランス語	経済	歴史	経済	経済	地理	歴史	歴史
日本語	会計	経済	会計	会計	歴史	経済	経済
農業	開発学	会計	開発学	数学	経済	会計	開発学
開発学	数学	農業	数学	化学	会計	開発学	数学
生物	化学	開発学	化学	物理	開発学	数学	化学
化学	物理	数学	物理	生物	数学	化学	物理
物理	生物	化学	生物	農業	化学	物理	地球科学
数学	コンピュータ	物理	農業	コンピュータ	物理	地球科学	生物
地理	デザイン技術	生物	コンピュータ	デザイン技術	生物	生物	農業
歴史		コンピュータ	デザイン技術		農業	農業	
経済		音楽			コンピュータ	コンピュータ	
会計		デザイン技術			デザイン技術	デザイン技術	
デザイン技術		食品織物技術			音楽		
コンピュータ		保健体育			視覚芸術		
視覚芸術					日本語		
スポーツ					中国語		
音楽					仏語		

（出典：各国の教育省の HP などをもとに筆者作成）

のTFSCに切り替えた。ナウルはもともとPSSCの受験者数も極端に少なく（表3）、必要に応じて参加していたところがあった。このため独自の試験を開発するのではなく、1節、2節で述べたとおり、オーストラリアの影響が強いことから、オーストラリアのクイーンズランド州の12年生の教育資格を活用するようになった。バヌアツのフランス語系の学校では、英語系の学校と教科が異なり、別の試験問題となる。

　表4から、各国の試験教科をみていくと、キリバスとツバル、ソロモン諸島、バヌアツ（英語系）は言語教科を除き、PSSCとほぼ同じである。

サモアのSSLCとトンガのTFSCはPSSCになかった独自の教科がある。両国の言語の教科はPSSCでも扱われていたが、トンガ社会に関する教科や、サモアの食品織物技術のようにPSSCではなかった教科もある。これは、両国ともに中等教育のナショナル・カリキュラムがあり、PSSCではなくカリキュラムに沿って試験を実施できるようになったからである。

これらの校外試験では、例えば地理など、PSSCでは出されなかったような各国の状況に合わせた設問も出題されるようになったが、基本的な構成などは大きな変更はなされていない。校内評価においても、各国の状況に合わせた課題を出題できるようになったが、形式的にはPSSCを踏襲している。

（2） サモアの取り組み―PSSCとの違い

ここで、サモアのSSLCを事例として取り上げて、PSSCとの違いをみていきたい。サモアでは、ナショナル・カリキュラムに沿った授業を行えるようになったからであり、また、Form 7としての学年がなく、替わりにサモア国立大学の予科に入学するために13年生のSSLCが実質的に、大学入学につながる試験になるからである。

サモアはPSSCからSSLCに切り替えてから、校外試験と校内評価の構成割合を変えるようにした。3節で述べたようにPSSCでは教科によってこれらの割合が異なっていたが、サモアでは全教科の校外試験と校内評価の割合を100対40に統一するようになった。こうして、各学校で校内評価を行いやすくし、資格試験を管轄する教育スポーツ文化省でも管理しやすくした。

校内評価の課題形式はPSSCと大きな差はない。PSSCを30年近く行ってきたことで、学校も経験を蓄積しており、問題はない。

しかしながら、運用上での変化がみられたことが授業にも影響を与えている。例えば校内評価での生徒の成果物を各学校で評価してからモデレーションのためにEQAP（SPBEAの現在の組織名）に提出する必要はなく、サモアの教育スポーツ文化省で取りまとめられるため、時間に余裕をもって授業を進められるようになった。このため、例えば経済の授業では、サモア国内の企業についての調査をさせるなど、サモア国内のリソースを使いやすくなったことから、授業の工夫が可能になった。

また、2013年以降は、PSSCの内容に沿ったものではなく、ナショナル・カリキュラムに沿う形になった。サモアの中等教育のカリキュラムは、2002年から2004年にニュージーランドの開発援助を受けて、教科書とともに作成されたものである。したがって、既存のPSSCをまったく無視して作成されたわけではないが、中等教育全体の教科の系統性をもたせるため、内容に多少の違いがある。SSLCではかつてのPSSCで扱っていた内容も一部残しつつ、ナショナル・カリキュラムの内容に沿って作成されている。

　PSSCと大きく異なるのは、ナショナル・カリキュラムによって、後期中等教育でも成果にもとづいた教育（Outcomes Based Education）が導入されてきたことである。

　この成果にもとづいた教育を資格試験の評価の際に実践するために、サモアではSOLOタキソノミーにもとづく方法を導入するようになった。SOLOタキソノミーとは、1970年代から80年代にかけてオーストラリアのJ. BiggsとK. Collisによって提唱された学習成果の分類方法で、教育評価で広く知られているブルームのタキソノミー（分類学）と異なり、一つの単純な思考から質的に拡張された思考まで、学習成果の複雑さを構造前、単一構造、多要素構造、関係的構造、拡張的抽象の5段階に分類しているものである。

　SSLCでは、筆記試験であれ、校内評価であれ、各設問や課題がSOLOタキソノミーに沿った単一構造以上の四つの基準に分類される。それらの基準ごとに傾斜配点がなされる。単純な知識の理解や思考を問う設問や課題であれば、単一構造のカテゴリーとして1点。抽象的な概念の思考や活用が求められるものであれば、拡張的抽象のカテゴリーとして4点となる。これらが校外試験であれば100点満点、校内評価であれば40点満点で構成される仕組みになっている（表5）。

　また、これまでPSSCでは9段階に得点分布させた成績区分だったものが、絶対評価によるBeginning, Achieved, Merit, Excellentの4段階で区分されるようになった。このAchieved以上が合格である。これはニュージーランドの後期中等教育修了資格であるNCEAでの成績区分と同じ形式である。

　こうしたSOLOタキソノミーを用いた評価はサモアだけではなく、実はトンガでも同様に導入されている。ニュージーランドでも広く普及しており、

表5　サモアのSSLC「生物」の校内評価SOLOタキソノミーにもとづいた配点表

課題		単一構造	多要素構造	関係的構造	拡張的抽象	合計点
		(1点)	(2点)	(3点)	(4点)	
実験室実習レポート		8	3	4	1	30
内訳	プロジェクト1	2	1	2	0	10
	プロジェクト2	2	2	0	1	10
	プロジェクト3	4	0	2	0	10
プレゼンテーション		4	1	0	1	10
課題数合計		12	4	4	2	22/40点

（出典：Ministry of Education SSCL Biology Internal Assessment Programme Year 13）

EQAP自体もSOLOタキソノミーに傾倒して13年生のSPFSCで用いている。サモアは独自性を打ち出しつつも、ニュージーランドや他の島嶼国と歩調を合わせており、新しい教育に変えてきている。

　こうしたサモアのSSLCの成績評価は、PSSCと評価や評定方法が異なっているため、一概に過去と比較はできない。PSSCでは9段階のうち5から6の評定が最も多かったが、SSCLでは素点での評価となる。その結果、サモア語以外、特に英語や数学などでBeginningが8割近くいるということが顕在化してきた。このため、サモアの教育の質が課題となっている。また評価の信頼性については、毎年、新聞紙上で話題になるなど、混乱もみられる。

　しかしPSSCとSSLCの受験者数はいずれも1,800名から2,000名前後であり、大きな変化はない。サモア国立大学の予科に進学する生徒や、予科から本科への内部進学も増えてきている（National University of Samoa, 2019）。それがSSLCの成果とも考えられている。

おわりに

　本章では、オセアニア島嶼国のうち、PSSCに参加していた国々の後期中等教育の修了資格試験の制度の成り立ちと現状を取り上げてきた。いずれも小規

模であることに加え、植民地や保護領であった歴史的経緯と依存から、これら島嶼国にとって、後期中等教育修了資格制度を自国で整備し、試験を実施していくことや高等教育機関への進学が、いかに困難を伴うものだったかがみえてきた。これらは決して当たり前に存在するものではなかったのだ。

　こうした困難を克服しようと、これらの国々が地域共通でPSSCを実施するようになったのは、島嶼国にとっての工夫でもあった。同時に、独立を果たした国として自国の資格制度を設けるという意思もあった。恵まれたエリート層だけでなく、意思と能力があれば誰でも後期中等教育を受け、大学に進学できるようになることは世界的に要請されていることであり、島嶼国にとっても目指すべき方向であるのだ。

　そして各国が独自の資格試験を実施できるようになったが、ニュージーランドのNZUEの影響もあったPSSCから脱却するというよりも、校内評価などしっかりと踏襲している。同時に新しい教育評価方法を導入して、各国が活用しやすい形に改訂してきた。この方向性もオセアニア島嶼国には共通性がみられる。単独で改革を進めるのではなく、島嶼国間で歩調を合わせる。こうした国際性と各国の独自性とのバランスをとることが島嶼国にとっての工夫なのだ。

　現在のところ、EQAPの助言もありながら各国は独自で試験を実施、成績評価をしている。このことで、国内の大学への進学も増えているところがある。

　そこには教育の質や評価の信頼性など、まだ多くの問題が山積している。これらの改善を進め、小規模の島嶼国の生徒たちの高等教育機関への進学の選択肢の多様化につなげていくことが一層求められる。

〈追記〉
　本章は、日本学術振興会科学研究費補助金（17K04682、20K02605）にもとづいて収集した資料や調査の結果の一部を活用しています。ここに感謝申し上げます。

〈参考文献〉

- 奥田久春「大洋州における中等教育試験制度の変遷―PSSC の廃止に着目して―」 『三重大学教養教育機構研究紀要』（第 3 号）2018年。
- 奥田久春「大洋州共通の後期中等教育試験PSSC に関する考察―地域共通の試験 制度の意義―」『三重大学教養教育院研究紀要』（第 4 号）2019年。
- Bray, M. "Small States and Examinations Systems – Concepts and Issues" Bray, M. and Steward, L. *Examination Systems in Small States: Comparative Perspectives on Policies, Models and Operations*, Commonwealth Secretariat, 1998, London: 7 -28.
- Bray, M. "Regional Examinations councils and Geopolitical Change: Commonality, Diversity, and Lessons from Experience" *International Journal of Educational Development*, Vol. 18, No. 6, 1988: 473-486.
- Crossley, M. and Holmes, K. *Educational Development in the Small States of the Commonwealth: Retrospect and Prospect*, Commonwealth Secretariat, 1999, London.
- Livingstone, I. D. "Withdrawal of the New Zealand university entrance and implications for the South Pacific" *Directions: Journal of Educational Studies*, no.15, vol.7, no.2, 1985: 82-89.
- Macpherson, C. "Curriculum Changes in the Pacific Senior Secondary Certificate" *Pacific Curriculum Network*, vol.2, no. 1, 1993: 9 -11.
- Murtagh, M. and Steer, M. "New Zealand Examining Bodies" Bray, M. and Steward, L. *Examination Systems in Small States: Comparative Perspectives on Policies, Models and Operations*, Commonwealth Secretariat, 1998, London: 207-217.
- National University of Samoa. *NUS Annual Statistical Digest* 2019, 2019.
- Pam, H. A. *Children's Guide to SOLO Taxonomy: Five easy steps to deep learning, Essential Resources*, 2013.
- Samoa Ministry of Education, Sports and Culture. *SSLC National Internal Assessment Programme Biology, Year* 13, 2017.
- South Pacific Board for Educational Assessment. *PSSC Regional Report*.
- South Pacific Board for Educational Assessment. *PSSC Prescription*.
- Rees, T. "The South Pacific Board for Educational Assessment and National Fifth Form Certificate" *Directions: Journal of Educational Studies*, no. 15, vol.7, no. 2, 1985: 71-81.
- Rees, T. and Singh, G. "South Pacific Board for Educational Assessment" Bray, M. and Steward, L. *Examination Systems in Small States: Comparative Perspectives on Policies, Models and Operations*, Commonwealth Secretariat, 1998, London: 162-180.
- World Bank Data（https://data.worldbank.org/）（2022年 8 月31日閲覧）。

・各国の教育省HP（2022年 8 月31日閲覧）

    キリバス：https://kiribati.gov.ki/information/education

    サモア：www.mesc.gov.ws

    ソロモン諸島：http://www.mehrd.gov.sb/

    ツバル：https://meys.gov.tv/

    トンガ：http://www.edu.gov.to/

    バヌアツ：https://moet.gov.vu/

    フィジー：www.education.gov.fj

    ナウル http://demo.nauru.gov.nr/department-of-education/

（奥田　久春）

おわりに―まとめにかえて

　本書が目指してきたのは、オセアニア諸国の後期中等教育から高等教育への接続と選抜に係る制度のあり方を論じつつ、社会経済的背景による教育格差への問いを明らかにすることであった。決して、各国の制度や現状を紹介することにとどまらず、それらが構築されてきた歴史的背景を踏まえた上で、様々な角度から制度を捉え、豊富なデータから現状を分析することで、批判的かつ重層的な内容になるよう心がけてきた。

　後期中等教育と高等教育の接続の問題は、日本でも大きく取り上げられるが、接続の際の学力考査においては資格か競争のどちらで選抜されるべきかという論点が多く、そこに公平性が問われることはあっても、社会的公正についての議論はまだ少ない。

　後期中等教育の資格制度と高等教育の接続は、オセアニア諸国でも常に改革が進められてきた。そこには、多文化社会にあって、後期中等教育が普遍化してきたことと高等教育の大衆化という背景があり、エリートだけの学びの場ではなく、すべての人に開かれたものにするよう社会的な要請があったからだといえよう。

　本書では、オセアニア諸国の中からオーストラリア、ニュージーランド、そして島嶼国での後期中等教育資格の制度と社会経済的背景について取り上げた。

　オーストラリアの後期中等教育（第1章）では、州によってすべて制度が異なるが、いずれの州でも歴史的に様々な中等教育での試験が後期中等教育修了資格試験に単一化され、また、校外試験と校内評価が導入されたことで、試験中心の伝統的学習指導から個人を尊重した学習指導に転換してきた。大学入学のための教育から脱却し、またコンピテンシーを基盤とした教育により、大学に進学しない生徒への職業教育にも対応できるようにしてきた。多様な科目が学校で用意されていることで、それぞれのニーズに沿った学びが行われ、資格試験も対応できるようになっている。大学入学に際してはATARによる得点調整によって公平性が維持された、相対的成績による競争的資格試験になる。こ

の点で後述するニュージーランドと異なる。

　学習成果は本人の努力だけではなく、社会経済的背景の影響も強く受ける。このことはオーストラリアでも早くから関心がもたれていた（第2章）。後期中等教育への前段階となるNAPLANやPISAにおいて、明らかに先住民か非先住民かによる格差が存在する。さらに地理的状況や両親の教育歴・職業とも絡み合って、大きな格差として現れる。これらはマイスクールというウェブサイトなどで公開され、改めてクローズアップされる。後期中等教育段階でも格差が受け継がれることはいうまでもない。大学入学においても大きく影響してくる。これに対して、高等教育への財政支援や初等教育段階まで出向いて就学促進を行うなど社会的公正の実現が図られている。

　ニュージーランドの後期中等教育（第3章）では、NCEAが実施されているが、その導入の際には集団基準準拠テストから目標基準準拠テストに移行されたものであった。そのことで大学入学は競争的な選抜ではなく、資格の到達度によるものになっている。またNCEAではスタンダードごとのクレジットを取得するため、その科目の中で得意な分野を学ぶことが可能になる。その意味で、個人の得意分野を活かした学びが行われる。このNCEAは現在、改革案が出されており、NCEAの対象者となる学習者の範囲を拡大させようとしている。しかし、そのことで大学に進学する生徒とそうでない生徒の履修科目に格差が出るのではないかという懸念がある。

　ニュージーランドでも社会経済的背景による教育格差が存在する（第4章）。PISAでは上位国であっても、これまで先住民であるマオリやオセアニア島嶼国出身（パシフィカ）の移民の学力の課題が知られていたが、実はヨーロッパ系の移民の成績が見落とされがちであることが示された。アジア系移民も実は移住の時点で選別されているという事実も示された。これはオーストラリアと同様に、先住民の教育の問題であるだけでなく、移民による多文化社会における社会経済的背景の教育格差の問題を浮き彫りにしている。そこで、完全ではないもののESOLによる言語的教育配慮の役割やディサイルの後継のEquity Indexによる財政支援への期待が提示されている。

　オセアニアの島嶼国の後期中等教育（第5章）では、各国が共通性をもちつつもローカル性を重視できる資格試験制度が構築されてきた。小島嶼国は、矮

小性や脆弱性からオーストラリアやニュージーランドと比べて社会経済的に不利な立場に置かれている。そのため後期中等教育の提供や高等教育へのアクセスにおいて、中でもニュージーランドへの依存が強かった。そうした状況を克服するために地域共通の後期中等教育資格試験が実施され、それを踏み台に各国独自の教育による資格によって南太平洋大学だけでなく、各国の高等教育機関に進学できる道が開かれてきた。まだ国内での教育格差について議論できる状況に至っていないが、各国の今後の課題であろう。

　二つのコラムで述べられているように、日本の論点で示される「実質的な公平性」を追求することで「全ての人が必要な教育を受け」「高等教育に多様な人材が集まる」という理念や目標は、オセアニア諸国の卓越と公正という概念にも通じるものだと考えられる。しかしそのためには、形式的な入試問題の工夫ではなく、四国学院大学の特別推薦制度で行われる「多種多様な人間存在を受け入れ」「より幅広く、かつ誇りをもって大学教育を受ける道を開く」ための具体的なアファーマティヴ・アクションが必要になってこよう。この点でオセアニア諸国に学ぶべきヒントが多くあると考えられる。

　本書の狙いに比較の視点でオセアニア諸国から学ぶことがあった。以上、まとめてきたように、オーストラリアの各州、ニュージーランド、そして島嶼国の教育はイギリスの教育制度を土台としており、似ているようで、それぞれの状況に合わせて制度が異なる。しかし、いずれも校内評価と校外評価が導入されている点で共通している。また多種多様な科目を提供したり、ローカルな状況に沿った授業が行われたり、生徒一人ひとりの学びを重視した教育を目指している。島嶼国にあっては、そうした教育に合わせることで同等性を確保しようとしている。これがオセアニアでの国際的な教育のあり方なのであれば、日本でも通用する可能性を検討してもよいのではないだろうか。

　その一方で、これら諸国での後期中等教育修了資格の取得や大学進学に影響する社会経済的背景による教育格差は、依然として問題のままである。しかしながら、その状況を直視し、公開することで、少しでも社会的公正の促進につなげていこうとする姿勢も共通している。本書が目指したのは、これらの国々を賞賛することではなく、まさにこうした批判的視点から学べることである。

　もちろん、これらの国々の現状や取り組みを本書ですべて描けたわけではな

い。紙面の都合というより、日々刻々と社会が変化する中で、責任ある内容にするべく熟考し、情報を厳選したためである。しかし、コロナ禍にあって海外調査が行えない中で、これほどまで新しい情報を収集し、まとめることができたのは、ひとえに執筆者の努力の賜物である。不十分な点があるとすれば、編者の一人としての力不足である。読者の皆様からのご批評をいただければ幸いである。

なお、本書はオセアニア教育学会の研究推進委員会（2019〜2022年度）での取り組みの成果を示したものであり、出版にあたっては当学会からの助成を受けることができた。第25回大会（2021年）にて進捗を報告する中で、様々なご意見や励ましをいただくなど、貴重な機会に恵まれ、本書に反映させていただくことができた。学会関係の皆様に感謝申し上げたい。また静岡県立大学教員研究推進費（2022年度）の助成も使わせていただいた。本研究へのご理解とご支援に深く感謝申し上げたい。なお、日本学術振興会科学研究費補助金（基盤（C）20K12335）、（基盤（C）20K02605）も使用させていただいている。そのため、広く本書が読んでいただけることを期待したい。

また、本書の刊行に際しては、学事出版株式会社の二井豪氏、莱田幸希氏に多大なご尽力をいただいた。この場を借りて、御礼を申し上げる次第である。

2023年2月

奥田　久春

【執筆者紹介】

（編者　はじめに　コラム）
澤田　敬人（さわだ・たかひと）
静岡県立大学国際関係学部教授。博士（総合社会文化）。
主要研究業績：『世界のテスト・ガバナンス―日本の学力テストの行く末を探る』東信堂、2021年（共著）、『ニッポン、クライシス！―マイノリティを排除しない社会へ―』学事出版、2020年（共著）、『多文化社会を形成する実践者たち―メディア・政治・地域』オセアニア出版社、2012年（単著）、『グローバリゼーション―オーストラリア教育市場化の研究』オセアニア出版社、2005年（単著）。

（編者　第5章　おわりに）
奥田　久春（おくだ・ひさはる）
三重大学高等教育デザイン・推進機構全学共通教育センター特任講師。修士（教育学）。
主要研究業績：『新版世界の学校：教育制度から日常の学校風景まで』学事出版、2014年（共著）、『これからの学校教育と教師：「失敗」から学ぶ教師論入門』ミネルヴァ書房、2014年（共著）、「大洋州共通の後期中等教育試験PSSCに関する考察―地域共通の試験制度の意義―」『三重大学教養教育院研究紀要』4号、pp.9-17、2019年（単著）。

（第1章）
佐藤　博志（さとう・ひろし）
筑波大学人間系教育学域教授。博士（教育学）。
主要研究業績：School Governance in Global Contexts: Trends, Challenges and Practices, Routledge, 2022（Book Chapter）、『オーストラリア・ニュージーランドの教育（第三版）』東信堂、2020年（共編著）、『「ゆとり」批判はどうつくられたのか―世代論を解きほぐす』太郎次郎社エディタス、2014年（共著）、『オーストラリア学校経営改革の研究―自律的学校経営とアカウンタビリティ』東信堂、2009年（単著）。

（第2章　第3章）

伊井　義人（いい・よしひと）

大阪公立大学文学部教授。博士（教育学）。

主要研究業績：『多様性を活かす教育を考える七つのヒント：オーストラリア・カナダ・イギリス・シンガポールの教育事例から』共同文化社、2015年（共編著）、『フューチャースクール　地域の絆@学びの場』六耀社、2014年（共編著）、『比較教育学のアカデミック・キャリア：比較教育学を学ぶ人の多様な生き方・働き方』東信堂、2021年（共著）。

（第4章）

柿原　豪（かきはら・ごう）

聖ドミニコ学園中学高等学校教諭。博士（社会イノベーション学）。

主要研究業績：『外国につながる児童生徒の教育と社会的包摂―日本とニュージーランドの比較にもとづく学校教育の制度イノベーション』春風社、2021年（単著）、「ニュージーランドのESOLにおけるティーチャー・エイドの媒介者的役割―オークランドの中等学校の教育実践に着目して」『オセアニア教育研究』Vol. 26、pp. 69-84、オセアニア教育学会、2020年（単著）。

（コラム）

中澤　加代（なかざわ・かよ）

四国学院大学文学部准教授。修士（文学）。

主要研究業績：「スローラーナーは英語の授業におけるキーパーソンになりうるのか」四国学院大学大学院文学研究科『L&C』第12号、2014年（単著）、「教室における沈黙と教師の『コーチング力』について―日本とオーストラリアにおける外国語授業の比較―」第22回四国英語教育学会香川研究大会、2010年（発表）、「スローラーナーに有用な『コーチング力』に関する一考察―オーストラリアの教室からの学びを取り入れた実践を通して―」オセアニア教育学会第15回大会、2011年（発表）。

オセアニア諸国の高等教育への接続と社会的公正

2023年3月31日　初版第1刷発行

編著者　澤田敬人・奥田久春
発行人　安部英行
発行所　学事出版株式会社
　　　　〒101-0051　東京都千代田区神田神保町1-2-5
　　　　電話 03-3518-9655
　　　　URL：https://www.gakuji.co.jp

編集担当　　二井　豪・栄田幸希
装　　丁　　細川理恵
印刷・製本　電算印刷株式会社